0924
청소년 심리학

0924 청소년 심리학
사춘기에서 성인 이행기의 청소년들을 심리학으로 바라보다

초판 1쇄 발행 2024년 1월 31일

지은이 고건
펴낸이 장길수
펴낸곳 지식과감성#
출판등록 제2012-000081호

교정 김서아
디자인 정윤솔, 오정은
편집 오정은
검수 한장희, 이현
마케팅 김윤길, 정은혜

주소 서울시 금천구 벚꽃로298 대륭포스트타워6차 1212호
전화 070-4651-3730~4
팩스 070-4325-7006
이메일 ksbookup@naver.com
홈페이지 www.knsbookup.com

ISBN 979-11-392-1613-4(03180)
값 17,000원

- 이 책의 판권은 지은이에게 있습니다.
- 이 책 내용의 전부 또는 일부를 재사용하려면 반드시 지은이의 서면 동의를 받아야 합니다.
- 잘못된 책은 구입하신 곳에서 바꾸어 드립니다.

지식과감성#
홈페이지 바로가기

사춘기에서 성인 이행기의
청소년들을 심리학으로 바라보다

0924
청소년 심리학

고건 지음

성인이 되기 위한 마지막 관문, 청소년기

청소년의 심리를 이해하고
건강한 청소년이 되는 방법을 알아보자

목차

프롤로그: 청소년이란 ················· 6
감사의 글 ························ 14

1장 청소년 심리학
1. 청소년이란 ······················ 18
2. 청소년의 발달 특징 ················ 23
3. 프로이트의 정신분석이론 ············ 30
4. 칼 융의 분석심리학 ················ 42
5. 피아제의 인지발달이론 ·············· 51
6. 콜버그의 도덕성 인지발달이론 ········ 58
7. 에릭슨의 심리사회적발달이론 ········· 64
8. 마르샤의 정체감 형성 이론 ··········· 72
9. 설리반의 대인관계이론 ·············· 75
10. 스키너의 조작적 조건 형성 ·········· 81
11. 반두라의 사회학습이론 ············· 87

2장 청소년과 불안
1. 불안 장애의 이해 ·················· 96
2. 범불안 장애 ······················ 99
3. 특정 공포증 ····················· 105
4. 광장 공포증 ····················· 109
5. 사회 불안 장애 ··················· 114
6. 공황 장애 ······················· 121
7. 분리 불안 장애 ··················· 127
8. 선택적 함구증 ··················· 135

3장 청소년과 우울
1. 우울 장애의 이해 · 142
2. 주요 우울 장애 · 144
3. 지속성 우울 장애 · 155
4. 월경 전 불쾌감 장애 · 158
5. 파괴적 기분 조절 부전 장애 · · · · · · · · · · · · · · · · · 162

4장 건강한 청소년으로
1. 5분 휴식 · 168
2. 애어른 · 174
3. 긍정적인 후회 · 181
4. 결핍은 꿈의 도구 · 186
5. 고독감은 성장의 기회 · 193
6. 갈등 줄이기 1: 과잉 확신에서 벗어나기 · · · · · · · 200
7. 갈등 줄이기 2: 갈등, 관계 회복의 첫 걸음 · · · · · 204
8. 갈등 줄이기 3: 대화의 방법 · · · · · · · · · · · · · · · · · 211

에필로그: 얽매임으로부터 자유 · · · · · · · · · · · · · · · 217
참고 문헌 · 222

프롤로그: 청소년이란

　청소년기는 많은 과제가 주어지는 과도기적 단계이기에 혼란 그 자체라 할 수 있다. 그래서 다른 말로 '강한 바람과 성난 파도의 시기'라는 뜻을 가진 '질풍노도의 시기'라 부르기도 한다. 현재 청소년 자녀를 둔 부모의 세대는 대개 경제적으로 어려웠기 때문에 자신을 돌아볼 여력이 없었다. 그래서 본인이 청소년기 때에 어떠한 이유로 혼란스러워했는지를 명확하게 알지 못하고 지나간 경우가 대부분이다. 이러한 상태에서 성장한 부모는 청소년기의 자녀를 이해할 때 자신의 과거 경험을 바탕으로 이해하려 하기에 자녀와 대화하는 과정에서 충돌하기도 한다.

　한편 시대가 발전하고 삶이 윤택해짐에 따라 신체적 성숙이 빨라졌고, 청소년들의 사춘기도 앞당겨졌다. 하지만 청소년기와 성인기의 사이 과정인 '성인 이행기'도 과거에 비해 장기간 경험하는 이들이 늘어나, 청소년기가 계속 연장되고 있는 현상이 발생되었다. 성인 이행기transition to adulthood는 발달 단계 중 하나로, 성인기를 준비하는 과정이며, 미국의 정신과 의사 설리반Harry Stack Sullivan이 정의한 후기 청소년기(10대 후반~20대 초반)에 속한다. 특히 대학 진학의 보편화와 스펙을 올리기 위한 취업 준비 시기가 길어짐에 따라 성인 이행기가 늘어난 것으로 보고 있다. 성인 이행기에는 본인만의 경제 활동이 없어 부모의 지원 없이 독립적인 하나의 개체로 살아가고 있다는 확신이 없기에 자존감까지도 저해되는 현상이 나타나고 있다.

국내법에서는 성인과 청소년을 법률적으로 구분하고 있고, 청소년은 현행법마다 나이를 달리 적용하는데, 이는 사회문화적으로 청소년을 보호하려는 의도로 볼 수 있다. 예컨대 청소년 기본법은 9세 이상부터 24세 이하까지를 청소년으로 보고 있다. 하한선을 9세로 정한 것은 이 나이 때부터 스스로 어떠한 규율에 따르거나 수련 활동이 가능하다고 보기 때문이며, 상한선을 24세로 정한 것은 공직선거법 개정 이전, 국내 국회의원 피선거권(개정 이후에는 18세 이상이다)이 25세인 점과 더불어 학교를 졸업해 한

명의 성인으로서 사회로 나가는 시점을 고려한 것이다. 청소년 기본법의 기본 이념은 청소년 기본법 제2조에 명시되어 있는데, 이를 살펴보면 청소년이 사회 구성원으로서 정당한 대우와 권익을 보장받으며 스스로 생각하고 자유롭게 활동할 수 있도록 하기 위해 이 법을 제정하였으며, 이들이 보다 나은 삶을 누리고 유해한 환경으로부터 보호될 수 있도록 하여 국가와 사회가 필요로 하는 건전한 민주 시민으로 자랄 수 있도록 하기 위함이라고 되어 있다. 한국청소년정책연구원에서 실시한 연구들을 살펴보면 후기청소년은 청소년 기본법을 근거로 만 19세~24세로 정의된다는 것을 알 수 있다. 필자는 이러한 기존 연구를 참고하고 청소년 기본법을 기준으로 하여 청소년기를 정의하고자 한다.

한편 불안 장애와 우울증을 호소하는 아동·청소년이 계속해서 늘어나고 있다. 국회 교육위원회 소속 김병욱 의원에 따르면 우울증과 불안 장애와 같은 정신 건강 문제가 아동·청소년기에 발생한다면 성인이 된 이후에도 가정이나 직장, 사회생활 등의 생활 영역들에 지속적인 영향을 줄 수 있다고 한다.

이렇듯 청소년기에는 성적 성숙을 위한 급격한 호르몬 분비로 인해 정서의 변화가 심하며, 극단적인 정서를 경험하기도 한다. 특히 정서를 느끼는 강도가 강하여 불쾌한 일을 경험하게 될 때처럼 부정적 정서를 강하게 느낄 수 있으며, 이는 정서 조절의 어려움으로 이어지게 될 수 있다. 청소년기는 정신 건강이 취약해질 위험이 높은 시기이며, 우울과 불안과 같은 누구나 쉽게 경험할 수 있는 정서를 심각하게 느낄 경우, 학교생활을 비롯한 일상생활에서의 부적응, 일탈적 행동, 심각할 경우 자살에까지 이를 수도 있다. 동아대학교 교육학과 조규판 교수와 김진주 연구원의 「청소년의 스트레스, 부모-자녀 의사소통, 우울 및 자살 행동 간의 구조적 관계분석」이라는 논문에 따르면 자살에까지 이르게 하는 우울과 스트레스가 부모와의 의사소통이 긍정적일 경우에는 감소하였지만, 부정적일 경우에는 증가하였다고 한다. 이는 가족과의 관계 및 의사소통이 자살에 간접적으로 영향을 줄 수 있다는 것과 의사소통의 중요성을 나타내고 있는 것이다.

이 책의 구성은 다음과 같다. 1장에서는 심리학 이론을 통해 청소년의 심리를 이해할 발판을 만든다. 2장에서는 미국 정신의학회APA: American Psychiatric Association에서 발간한 『정신질환의 진단 및 통계편람 제5판 수정판DSM-5-TR』과 이상 심리학을 참고하여 청소년 정신 질환의 진단 기준 및 특징 그리고 원인을 다룰 것이며, 3장에서는 2장과 마찬가지로 『DSM-5-TR』 및 이상 심리학을 기반으로 심리적 독감으로 불리는 우울을 비롯한 청소년들의 정서적 부적응을 다룰 것이다. 마지막 4장에서는 혼란스러운 시기를 지나는 청소년 본인이 심리적으로 보다 건강하게 보내기 위한 방법들을 제시하였다. 이 책의 대상은 청소년 기본법에 의한 청소년기(9세~24세)와 청소년기 자녀를 둔 부모, 청소년기에 관심을 갖고 있는 이들이다. 바쁜 현대인은 책을 천천히 음미하며 읽을 시간적인 여유가 없다. 그렇기 때문이 이 책은 길면서 짧을 수 있는 글들로 구성하여 언제라도 다시 책을 폈을 때, 처음부터 다시 읽는 것이 아닌 펼쳐진 그 부분부터 읽어 나갈 수 있도록 구성하였다.

또한 이 책은 혼란의 시기를 지나는 청소년 여러분과 주변 친구들에게 왜 이런 일들이 일어나는지에 대한 이해와 해결을 도울 것이며, 자녀가 현재 청소년기이거나 앞으로 청소년기에 접어들 자녀를 둔 양육자 또는 교사에게 청소년 정신 건강에 대한 이해와 더불어 충분한 관심과 사랑의 필요성을 알려 줄 것이다.

청소년은 앞으로 우리 사회를 이끌어 나갈 차세대 주인공이자 인적 자원이다. 우리가 청소년들을 올바른 방향으로 교육하여 이들이 건강한 청소년기를 지나 건강한 성인으로 성장하도록 돕는 것이 아름답고 건강한 사회를 만들어 가는 길의 첫걸음일 것이다.

청소년기는 성인으로서 독립하기 위한 마지막 관문이라 할 수 있다. 사실 성인이 되어서도 완전한 독립을 이루지 못하는 사람들도 수두룩하다. 가령 경제적인 독립과 더불어 마음의 독립 같은 것을 말이다. 몸은 컸지만 마음은 아직 아동 또는 그보다는 살짝 높은 위치인 어중간한 상태로 있는 경우, 몸과 마음이 하나를 이루지 못해 불안이 올 수 있는 것이다. 필자 또한 청소년기 때 매우 혼란한 시기를 보냈다(이제부터 편하게 필자가 아닌 '나'로 지칭하겠다).

불과 10년 전만 해도 학교 밖 청소년에 대한 국가 정책과 사회적 인식은 이를 뒷받쳐 주지 못하였다. 청소년증을 들고 영화를 보러 가도 학생증이 아니란 이유로 청소년 할인을 받지 못하는 시기였다.

"나는 '청소년'인가?"

"나는 어떠한 존재인가?"

청소년증은 있으나 마나였으며, 어떠한 혜택 또는 나의 신분을 나타낼 수 있는 그 어떤 것도 없었기에 매우 외로웠다. "나는 어디에 속하는 거지?" 그때 마음속에서 울리던 소리를 아직도 잊지 못한다.

그때 그 시절 나를 지지해 준 것은 다름 아닌 가족들이었다. 친구가 없어도 버텨 낼 수 있었던 이유는 가족들이 있었기 때문이다. 사랑의 힘은 실로 대단하다. 사람에게 받은 상처는 다시 사람을 통해 회복된다. 사람은 사람에게 받은 사랑과 에너지를 다른 사람에게 전할 수 있어야 하며, 이로 인해 우리는 더 나은 세상, 더 아름다운 세상으로 나아갈 수 있다.

우리는 매일 삶이란 여정 위에 있다.
여행은 다시 돌아갈 집이 있기에 행복한 것이다.
가족이란 언제든 돌아갈 수 있는 집이자 고향 그리고 행복 그 자체이다.

서로가 서로에게 집이 되어 주는 그런 사이가 되길 기도한다.

감사의 글

"결핍은 꿈의 도구가 되어 나의 비전을 찾을 수 있게 되었다."

지금까지 함께하시고 앞으로도 함께하실 주님께 감사와 영광을 올립니다.

언제나 곁에서 나를 응원해 준 우리 가족에게 사랑한다는 말을 전합니다.

그리고 책이 나오기까지 아낌없이 격려와 지지를 보내준 이재연 교수님께 감사하다는 말씀드립니다.

마지막으로 저라는 사람을 신뢰하는 모든 이들에게 감사의 말씀 올립니다.

사랑합니다.

축복합니다.

1장

청소년 심리학

1. 청소년이란

 청소년의 발달과 심리적 특성을 살펴보면 청소년은 어떤 발달 단계보다 개체의 양면성을 많이 지니고 있다. 특히 질풍노도의 시기인 동시에 무한한 가능성을 갖고 있는 시기이기도 하다. 청소년이라는 개념의 정의는 매우 어려운데, 이는 각 시대적 흐름과 학문 영역, 나라와 사회적 체제 및 관련 법규에 따라 다르게 규정되기 때문이다.

 '청소년기'라는 용어의 어원은 라틴어 'adolescere'에서 왔다. 이는 '성장한다' 또는 '성숙되어 간다'는 의미를 가지며, 아이에서 어른으로 가는 중간 단계에 속한 사람이라는 뜻이라는 것을 알 수 있다. 이전에는 청소년기를 특별히 규정하지 않았으나, 미국의 심리학자이자 청소년 심리학의 아버지라 불리는 스탠리 홀 G. Stanley Hall의 공헌으로 청소년기^{adolescence}를 가리키는 종합적이고 구체적인 개념으로 정착되기 시작하였다. 그에 따르면 청소년기는 사춘기 때 시작하여 22세~25세 즈음에 끝나며, 자아의식과 현실 적응 사이에서 여러 감정을 경험하여 생긴 긴장과 혼란이 질풍노도의 시기^{a period of storm and stress}를 만든다고 하였다. 독일의 사회학자 셀스키^{H.Schelsky}는 청소년기의 연령을 14세~25세로 보았다. 청소년기의 아이들은 더 이상 아동의 역할과 행동을 수행하지는 않지만, 성인의 역할과 행동을 수행하기에는 아직 이른 단계에 있다고 판단하였다. 하여 청소년들이 교육, 정치, 경제 등을 공부할 수 있는 기회가 제공되어야 한다고 하였다. 독일의 사회교육학자 푀겔러^{Pöggeler}는 인간의 성장 과정 중에서 청소년기만을 따로 떼어 개념화할 수 없고 '이것이 청소년이다.'라고 한 문장으로 정의할 수 없는, 성인이 되어 가는 과정 그 자체로 보았다. 미국의 정신과 의사 설리반^{Harry Stack Sullivan}의 대인 관계 이론에서는 청소년기를 세 가지로 나누어 8세~14세까지를 전청소년기^{preadolescence}, 12세~18세까지를 초기 청소년기^{early adolescence}, 10대 후반~20대까지를 후기 청소년기로 구분하였다.

1장
—
청소년
심리학

청소년과 관련한 국내법은 다음과 같다.

법률	용어	연령
청소년 기본법	청소년	9세 이상 24세 이하 (청소년 기본법 제3조 제1호에 명시)
청소년 보호법	청소년	만 19세 미만 (다만, 만 19세가 되는 해의 1월 1일을 맞이한 사람은 제외한다.)
청소년복지 지원법	청소년	청소년 기본법 제3조 제1호 본문에 해당하는 사람
게임산업진흥에 관한 법률	청소년	청소년 보호법 제2조 제1호에 따른 청소년을 말한다.
아동, 청소년 성보호에 관한 법률	청소년	19세 미만 (19세에 도달하는 연도의 1월 1일을 맞이한 자는 제외한다.)
한부모 가족 지원법 제4조	청소년	24세 이하 (제4조에 의하면 청소년 한부모를 24세 이하의 모 또는 부라 명시한다.)
아동복지법	아동	18세 미만 (아동복지법 제2조)
민법	미성년	19세 미만의 사람 (민법 제4조에서는 19세 이상부터 성년이라고 명시되어 있다.)
소년법	소년	19세 미만의 자 (보호처분대상자: 10세~14세 미만)
형법	미성년자	14세 미만의 자 (형사상 미성년자)

우리나라에서는 관련 법에 따라 청소년을 조금씩 다르게

정의하고 있다. 청소년 보호법에서는 만 19세 미만을 청소년으로 보고 있으며, 소년법에서는 19세 미만의 자를 '소년'으로 부르고 있고, 아동복지법에서는 18세 미만의 청소년을 '아동'으로 정의하였다. 형법에서 청소년은 성인으로 취급하는 나이가 되지 않은 젊은 사람을 의미하지만, 국가 정책의 기본 방향을 제시하는 청소년 기본법 제3조에 의하면 청소년은 만 9세 이상에서 24세 이하인 사람이다. 이는 설리반이 정의한 청소년기 개념과 연결 지어 볼 수 있다.

한편 한국청소년정책연구원의 연구위원인 유민상 연구위원은 청소년기와 성인기 사이를 뜻하는 '성인 이행기' 개념을 설명하며 청소년기에서 성인기로 전환되었음에도 독립적인 개체로서 자립하지 않고 교육, 훈련을 통해 안정적인 직업과 자립을 탐색하는 성인 이행기만의 독특한 특징을 설명하였다. 또한 전국의 만 18세~34세 이하의 청년 약 2,000명을 대상으로 설문 조사를 한 결과, 자신이 성인이라 느끼기 시작한 연령은 평균 28세로 나왔다.

이렇듯 청소년기는 한마디로 말해서 아동과 성인의 중간 과정이라고 볼 수 있다. 또한 신체적, 정신적, 사회적으로는 아동에서 성인으로 가는 과도기적 단계로, 다양한 신체적 변화와 발달 과정을 겪는 단계이기도 하다.

후기 청소년기는 민법상의 미성년이 아닌 나이도 포함하고 있긴 하지만, 경제적으로나 온전한 독립을 이루는 성인기에는 아직 도달하지 못하였기 때문에 청소년 기본법의 청소년 연령에 포함된 것이다.

청소년기 때에는 과도한 입시 위주의 교육 때문에 스트레스와 심리적 중압감을 느끼고, 내외적으로 혼란스러운 시간들을 보내게 된다. 아이들은 "입시만 잘 마치자."라는 심정으로 버티고 있을 것이며, 입시 이후에는 더 이상의 스트레스는 없을 것이라 여겼을 테지만 사실 스트레스는 종결되지 않는다. 대학 졸업 후에는 민법상 성인이 되었음에도 취업 준비로 인해 경제적 활동을 하지 못해 스스로 성인기에 도달했다는 인식을 받지 못한다. 청소년기와 성인기 그 어느 곳에도 속하지 않은 애매한 연장선에 있는 '성인 이행기'에 있기 때문이며, 유예되고 있는 성인기 진입은 청소년기를 계속해서 연장시키고 있다. 하지만 이 시기를 잘 이겨 내고 어떠한 삶의 태도로 살아가느냐에 따라 앞으로 성인기에서의 삶이 달라질 수 있다.

2. 청소년의 발달 특징

1) 신체적 특징

청소년기는 제2의 신체 발육 급증기$^{\text{growth spurt}}$로, 신체적 성장이 매우 왕성한 시기이다. 신체적 발달은 성적 성숙을 유발하면서 자연스레 사춘기^{puberty}가 찾아온다. 신체의 외형적 성장과 호르몬의 변화가 급격하게 일어나면 생식 능력을 획득할 수는 있지만, 성적 성숙은 정신생활의 큰 영향을 끼친다. 아동기가 끝날 무렵, 2차 성징이 나타나면서 성장의 단계는 뚜렷이 구별된다. 특히 아동기에 비해 신장과 체중이 급격하게 성장하기 시작하며, 청소년기 약 4년 동안 이루어지는 성적 성숙은 건장하고 아름다운 성인으로 거듭나기 위한 것이다.

급격한 신체 변화에 의한 급격한 호르몬 분비는 청소년

의 심리 상태에 큰 변화를 가져오게 되며, 특히 성적 성숙이 청소년의 정신생활의 큰 영향력을 끼친다. 분석심리학자 칼 구스타브 융^{C. G. Jung}은 생리적 변화는 정신적 변화를 수반하며, 급격한 신체적 변화가 이들의 지위와 역할에 큰 변화를 가져온다고 하였다. 또한 성인을 흉내 내고 싶어 하는 강한 성적 충동이 일어나고, 이로 인한 불안감, 억압감, 수치감, 열등감이 생기기도 하며, 성숙의 개인차에 따라 빠르거나 느리기도 하다는 것이다.

청소년의 신체적 발달은 남녀 간의 성 차이를 명확하게 구별할 수 있게 해 준다. 특히 이 시기에는 강한 성적 욕구가 일어나기에 이와 관련한 문제들이 대두되기도 한다. 성별로 볼 때에 12세~14세까지는 여성이 남성보다 더 빠른 성장을 보이지만, 15세 이후로는 남성이 여성보다 더, 지속적으로 성장하는 모습을 보인다. 이러한 성장은 18세~19세까지는 급격하게 이루어지지만, 21세~22세가 되면 성장에 의한 변화는 끝이 난다. 신체적 변화는 환경과 유전, 이를테면 인종, 유전 인자, 영양 상태, 사회적 환경과 생활 양식 등에 따라 현저한 차이가 나타나게 된다.

2) 인지적 특징

 청소년 전기는 육체적 변화와 더불어 사고방식과 인지적 능력도 확대되는 시기이다. 이 시기의 청소년들은 즉흥적인 사고 체계에 머무르지 않는다. 물론 아동기에도 인지적 기능이 발달하기는 하나, 청소년기에는 양적인 발달과 함께 질적인 변화를 보이는 것이다. 이전보다 고차원적이고 높은 수준의 사고를 하는 기술을 발달시키기 시작한 청소년들은 현재, 눈앞에 보이는 것에 급급하기보다는 멀리 떨어져서 바라볼 수 있는 시야를 가지게 되고, 자신의 미래에 대해 생각하고 예측하게 되며, 과거 자신이 믿고 있던 신념이나 생각들에 의문을 제기하고 새로운 것들을 탐색하며 부모를 비롯한 주변 어른, 성인에 대한 비판을 시도하기도 한다.

 이러한 사고 수준은 '형식적 조작사고'에 해당한다. 형식적 조작사고란 피아제가 제시한 인지 발달 이론에서 네 번째 단계에 해당하는 것으로, 추상적인 관념이나 개념에 관하여 논리적으로 사고할 수 있는 단계를 뜻한다. 형식적 조작기에 이른 청소년들은 유연하고 상대적인 관점에서 세상을 이해하고 바라볼 수 있게 된다. 보통은 아동기를 거쳐 청소년기에 이르면 인지 발달 수준이 형식적 조작기에 이르지만, 모든 이들이 형식적 조작기의 지적 발달을 이루게 되는 것은 아니다. 가령 적절한 교육을 받지 못하거나 자극이 부족한 채로 성인기로 접어든다면, 형식적 조작기에 이르지 못하고 그 전 단계인 구체적 조작기에 머물 수 있다.

청소년 후기에 이르러서는 그전보다 높은 차원으로 세상을 바라보게 된다. 개인마다 차이는 있겠지만 이 시기에 들어선 청소년들은 일반적으로 자신이라는 독특한 존재를 외부에 알리기 위한 활동에 참여할 뿐 아니라 자기 계발, 친구들과의 우정, 대인 관계 등을 탐색하는 데에 도움이 될 만한 활동 및 행사에 참여하기를 원한다. 또한 자신의 미래에 대해 스스로 고민하고, 의사 결정을 내리면서 자신의 독립성을 증명하기도 한다. 이를테면 직업을 탐색하고, 자신의 진로를 위한 대학과 관련 학과 등을 알아보고 지원한다든지, 또는 고등학교 졸업 이후 대학을 지원하지 않고 스스로 일자리를 알아보고 취직을 하는 식이다.

3) 정서적 특징

청소년기에는 성적 성숙을 위한 급격한 호르몬 분비로 인해 정서의 변화가 심하며, 극단적인 정서를 경험하기도 한다. 특히 정서를 느끼는 강도가 강하여 불쾌한 일을 경험하게 될 때처럼 부정적 정서를 강하게 느끼며, 이는 정서 조절의 어려움으로 이어질 수 있다.

청소년들은 정신 건강이 취약해질 위험이 높다. 부정적 정서 경험을 지나치게 억압하여 우울 장애나 신경성 식욕 부진증에 걸리는가 하면, 정서를 통제하지 않고 지나치게 충동적으로 반응하여 비행 행동, 일탈을 보이기도 한다.

청소년기 초기에는 혼란과 갈등이 많지만, 청소년기 후기에 이르러서는 어느 정도 안정을 찾게 되며, 자신의 본질에 의문을 가지면서 자아정체감을 확립해 나간다.

자아정체감^{Identity}은 1950년 미국의 정신분석학자 에릭 H. 에릭슨$^{\text{Erik H. Erikson}}$이 정신분석학적 자아심리학의 기본 개념으로 사용하면서 등장한 용어이다. 이는 자신의 독특성에 대해 비교적 안정된 느낌을 갖는 것으로, 대인 관계 속에서 자신의 행동, 사고, 정서의 변화에도 불구하고 자신을 여전히 고유하고 동일한 존재로 인식하는 태도이다. 에릭슨에 따르면 자아정체감의 확립은 청소년기에 국한되지 않고 전 생애에 걸쳐 일어나는 과정이지만, 청소년기에 대두되는 중요한 발달 과업 중의 하나라고 한다. 청소년기에는 신체적, 심리적, 인지적, 사회적 측면에서 급격한 변화를 경험하게 되고, 이에 자신이 간직해 오던 일관된 자아가 위협받게 된다. 이전부터 간직해 오던 자아가 새로운 변화를 맞이하게 되면 갈등은 그 어느 때보다 크게 다가오기 때문에 이 시기에 특히 대두되는 것이다. 이 시기에 자아정체감을 긍정적으로 확립한다면 주체성을 갖고 심리적 안정감을 유지하며 살아갈 수 있는 성인으로 성장한다. 이러한 자아정체감의 형성은 유아기 때부터 시작되어 자신이 좋아하거나 존경하는 양육자, 학교 교사, 또래와 관계를 맺으며 이들의 감정, 태도, 가치관, 행동 등을 자신의 것으로 받아들이는 '동일시' 그리고 다양한 경험을 축적하며 자신만의 독특한 총체whole로 통합하면서 이루어진다. 그러므로 정체감 형성은 어린 시절 부모에 대한 의존부터 성장한 뒤 정서적으로 분리될 때까지의 모든 과정을 포함한다. 청소년들은 부모의 보호나 간섭 없이 자기 스스로 행동하고 선택하기 위하여 부모의 가치와 규범을 재평가하는 것도 포함된다. 이렇듯 정체감 형성의 과정은 개인의 어린 시절에 그 뿌리를 두고 청소년기를 거쳐 성인기까지 지속된다. 자아정체감을 긍정적으로 형성한 청소년은 이후 신념, 가치관, 정치적 견해, 직업 등에서 스스로 의사 결정을 할 수 있는 건강한 성인으로 성장할 수 있다.

1장
|
청소년
심리학

3. 프로이트의 정신분석이론

지그문트 프로이트Sigmund Freud: 1856~1939의 정신분석이론은 서양 문화와 예술을 비롯해 사람의 성격과 정서 발달 분야에 많은 영향을 미쳤다. 그의 이론을 살펴보면 인간의 발달은 주로 생물학적 성숙이 주도하고 있지만 어린 시절의 초기 경험이 이후 발달에 중요한 영향을 미친다고 강조하고 있다.

인간이 행동하는 동기가 원초적(본능)인 것을 만족시키려는 욕구이다. 이와 관련해 발생한 행동들은 대부분 무의식적이기에 어떠한 이유로 행동했는지에 대해 명확히 알지 못하고 어렴풋이 이해할 뿐이다. 프로이트는 이러한 개념을 최면 치료를 통해 발견하게 되었다. 최면 상태에 빠진 환자에게 자신의 문제를 이야기하도록 하였고, 이에 환자는 문제와 관련한 감정(분노, 슬픔, 공포 등)을 느꼈다. 최면에서

깨어났을 때는 환자는 최면 상태에서 나눴던 이야기와 감정을 기억하지 못하였지만 정서적 고통이 현저히 감소한 것을 보고 프로이트는 '무의식Unconscious'의 개념을 확립하게 된다. 그에 따르면 인간의 마음의 구조는 의식Conscious, 전의식Preconscious, 무의식Unconscious으로 나뉜다고 한다.

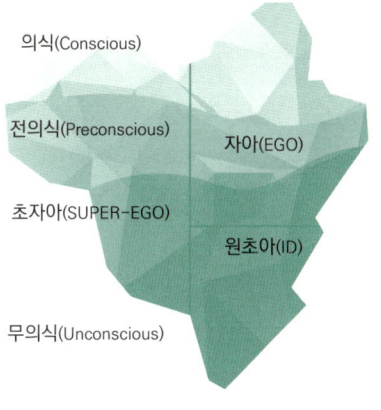

빙산 위에 보이는 부분, 수면 위로 떠오른 부분을 의식Conscious이라고 한다. 수면 위에 있지는 않으나 수면 위에서 바라볼 때 볼 수 있는 부분이 전의식Preconscious이다. 전의식은 일상생활 중에 쉽게 의식할 수는 없지만, 노력하면 의식할 수 있는 부분이다. 마지막으로 수면 위에서 아무리 보려 해도 볼 수 없는, 수면 깊이 있는 부분을 무의식Unconscious이라고

한다. 무의식은 의식과 분리된 부분으로, 자각하지 못하지만 때때로 실수, 꿈, 불안에 의해 나타나기도 한다.

프로이트는 인간의 마음 구조를 원초아, 자아, 초자아 등 세 가지로 나누어 설명하였다. 먼저, 인간이 갖고 태어난 본능적 추동을 원초아^{Id}라 한다. 프로이트의 세 가지 성격 구조 중에서 최초로 생겨난, 가장 원시적인 것이다. 원초아는 전적으로 무의식의 정신적 에너지이며, 현재 얻고 싶은 만족이 있을 시 가능한 빨리 최대로 얻는 것을 목표로 한다. 가령 먹고, 마시고, 변을 보고, 신체적으로 편안하고 안락함을 줄 수 있는 만족을 원하는 것이다. 원초아는 결과가 어떻든 간에 즉각적인 만족을 추구하기 때문에 매우 이기적이고 본능적이고 충동적이라 할 수 있다. 또한 일생에 있어 정신 에너지의 근원으로 자리 잡고 있다.

그다음은 자아^{Ego}이다. 자아는 인간으로 하여금 이성적으로 분별하도록 만든다. 자아의 주 역할은 원초아의 요구와 현실에서의 갈등을 지속적으로 해결하는 것이다. 마지막 세 번째 성격 구조인 초자아^{superego}가 있기 때문이다. 초자아는 보통 우리가 '양심'이라고 생각하는 것이며 부모의 적절한 행동을 보고 아동이 내면화하거나 행동 적용의 기초가 된다. 즉, 초자아는 아동이 죄책감을 느낄 만한 행동을 피하도록 도우며, 만약 아동이 이런 내면화된 기준을 위반하는 행동을 하면 죄책감을 느끼게 된다. 이러한 성향 때문에 원초아와 초자아는 끊임없이 갈등한다. 그때에 자아가 책임자, 중재자로서 어느 한쪽이 우세하지 않도록 관여하게 된다. 자아가 온전해야 우리의 정신 상태도 튼튼하다고 말할 수 있다. 하지만 원초아와 초자아 이느 한쪽이 우세해진다면 우리는 갈등에 압도될 것이고 심리 장애가 일어나게 될 것이다. 이러한 갈등은 우리의 마음 안에서 일어나기 때문에 '정신 내적 갈등'이라 불린다.

자아는 현실이라는 외부 압력으로 인해 갈등을 느끼지만, 평소에는 원초아와 초자아 간의 갈등을 중재하며 우리가 현실을 보다 잘 받아들일 수 있도록 한다. 하지만 내적 갈등이 걷잡을 수 없이 커져 정신의 혼란이 다가오면 내면을 보호하기 위해 우리는 자동적으로 방어기제를 사용하게 된다. 이렇듯 자아를 보호하기 위한 방어기제를 지그문트 프로이트의 딸인 안나 프로이트Anna Freud는 '자아방어기제ego defense mechanisms'라 정의하였다. 자아방어기제는 다음과 같다.

1) 자아방어기제

전위: 불안감을 주는 대상에 대한 감정이나 반응을 자신에게 위협적이지 않은 사물 또는 타인에게 전이시키는 것을 말한다. "남에게 매 맞고 개 옆구리 찬다."는 옛 속담처럼 아무 상관없는 대상에게 화풀이하는 것이다.

승화: 잠재적으로 부적응적일 수 있는 감정과 충동을 사회적으로 받아들여지는 예술적 창조, 일, 유머 등 가치 있는 행동으로 나타내는 것이다.

부정: 객관적 혹은 주관적인 부분을 인정하지 않는 것을 말한다. 만약 사고로 가까웠던 부모님, 배우자, 애인, 친구 등을 잃어 현실을 받아들일 수 없을 때, 그 사실을 부정하는 현상이다.

합리화: 마음에 드는 물건이 있지만 현 주머니 사정상 살 수 없을 때 "어차피 마음에 드는 것도 아니었어!"와 같이 실제 원하는 것을 무의식적에 감춘 채, 살 수 없는 태도를 정당화하기 위해 나름의 합리적인 설명을 하는 정신 과정이다.

반동형성: 품고 있는 마음과는 반대의 행동을 하는 것이다. 쉽게 말해 '미운 놈에게 떡 하나 더 주자'

는 마음이다.

억압: 원초아의 충동을 제지하는 매우 중요한 방어기제이다. 용납될 수 없다고 생각하는 욕구나, 충동, 생각 등을 무의식에 가두는 것이다. 내면의 충동이 '의식으로 진입하지 못하게 의식과 거리를 두게 하는' 억압의 작용으로 우리는 아무리 떠올리려 노력을 해도 무의식을 지각할 수 없다.

신체화: 심리적 갈등이 신체적으로 반응하는 경향성이다.

투사: 받아들일 수 없는 자신의 충동, 생각을 외부 대상에게 투영시키는 것이다. 이렇게 투영된 마음은 마치 타인도 그러한 마음을 품고 있을 것이라는 착각에 빠지게 된다.

동일시: '부모가 자녀를' 또는 '좋아하는 연예인'이나 '선망하는 대상'을 심리적으로 자신과 동일하게 보는 것이다. 흔히 좋아하는 사람의 모습을 닮아 간다는 말이 있는데, 이는 동일시에 의한 것이다.

이러한 자아방어기제의 적절한 사용은 일상을 적응하는 데에 도움을 준다. 하지만 특정 방어기제를 지나치게 사용하는 것은 정신 병리와 연관이 있을 수 있다.

한편 프로이트의 이론은 '심리 성적 발달'이라 불리고 있다. 이는 인간은 성적 본성을 갖고 있으며, 이것이 행동의 동기가 되고, 인간관계에 영향을 주고 있다고 보는 프로이트의 주장을 한마디로 표현한 것이다. 또한 인간이 일련의 보편적인 발달 단계들을 거치고 있음을 설명한 것이다. 각각의 연속적인 단계에서는 리비도(성적 에너지) 즉, 행동, 사고 및 감정에 힘을 싣는 본능적 추동이 입과 항문, 생식기 등의 서로 다른 성감대에 집중되어진다고 한다. 프로이트는 각 발달 단계에서 특정 성감대와 관련된 갈등에 직면하게 되며, 갈등의 해결 유무 상관없이 일생 동안 발달에 영향을 준다고 말했다. 프로이트의 성격 발달 단계는 5단계로 구강기, 항문기, 남근기, 잠복기, 성기기로 이루어진다.

단계	Libido 리비도	연령	특징
구강기	구강	0세~18개월	구강적 자극(빠는 행위)을 통해 쾌감을 느끼는 시기로 구강 만족을 제공하는 대상자에게 애착 형성이 되며 자연스럽게 어머니와 이루어지는 것이다.
항문기	항문	1세~3세	항문적 자극(예: 배설)을 통해 쾌감을 느끼는 시기이다. 배변 훈련을 하는 시기이기도 하며, 지저분한 행동으로 부모에게 반항하기도 한다.

남근기	생식기	3세~6세	남근기는 이성 부모에 대한 성적 환상을 갖는 시기로, 동성 부모에 대한 질투, 거세 위협으로 인해 용납되지 성적 욕망을 무의식으로 억압한다. 이러한 과정에서 양심과 도덕의 성격 구조인 '초자아'가 만들어지게 된다.
잠복기	-	6세~12세	구강기부터 남근기까지의 요소들이 전부 억압되기에 성적 또는 공격적 환상이 대부분 드러나지 않는 시기이다. 비교적 평온하다.
성기기	생식기	12세 이후	사춘기에 접어들면서 성적 욕망이 다시 표출되는 시기이다.

처음 태어난 영아는 프로이트의 심리 성적 발달 단계인 구강기$_{\text{oral stage}}$에 해당한다. 구강기란 이름에서 유추할 수 있듯이 만족과 쾌락의 일차적인 출처는 빨거나 먹는 것과 같은 구강 활동이다. 어머니를 향한 아기의 감정은 유례없이 독특하다. 아이에게 어머니는 전 생애에 있어 제일 처음 느끼는 가장 강한 사랑의 대상이며 이후의 모든 사랑의 관계의 원형이 된다. 태어난 첫 해 후반에 다다랐을 때, 즉각적인 만족을 원하는 원초아의 억제되지 않은 요구와 외부 세계가 강요하는 제한들 간 갈등을 해결하기 위해 두 번째 성격 구조인 자아가 생겨난다.

아이의 두 번째 해 동안은 배뇨나 배변 같은 신체적 통제가 발달하게 된다. 이 시점이 프로이트의 두 번째 심리성적 발달 단계 '항문기 anal stage'에 해당한다. 이들은 부모로부터 분명한 배변 훈련을 받게 되는 시기로, 리비도가 항문에 집중되어 배변을 방출함으로써 쾌락을 얻는 동시에 배변 훈련으로 쾌락을 지연시키는 방법도 배우게 된다.

세 번째 단계는 '남근기 phallic stage'이다. '성기기'라고도 불리는데, 보통 3세~6세까지이다. 이 시기의 아동들은 자신의 생식기에 관심을 갖기 시작하며 타인, 예컨대 양육자 또는 친구들의 생식기를 궁금해하게 된다. 프로이트에 따르면 남근기의 아동은 동성 부모와 자신들을 동일시하고, 태도와 행동에 성차가 생기며, 강력한 성적 소망을 경험하는 시기라 한다. 이를 대처하려는 자세에서 '양심'이라 할 수 있는 초자아 superego가 형성되며, 부모의 기준과 규칙을 기반으로 도덕적 양심을 생성한다. 이때 부모의 말에 따르지 않거나, 내면화된 기준을 벗어난 행동을 할 때 죄책감을 갖게 된다.

남아와 여아 모두 초자아를 발달시키기 위해선 갈등을 해결해야 한다. 남아의 갈등은 '오이디푸스 콤플렉스 Oedipus complex'라는 형태로 나타난다. 오이디푸스 콤플렉스란 남아가 어머니에 대한 성적 소망을 경험하고, 어머니와의 심리적 독점 관계를 원하는 것에서 심리 성적 갈등을 느끼는 것이다. 여아는 이와 비슷하지만 덜 강력한 갈등인 엘렉트라 콤플렉스Electra Complex를 경험한다. 이는 이성 부모 즉, 아버지에 대한 성적 감정으로, 그 과정 또한 오이디푸스 콤플렉스와 비슷하다. 이러한 성적 과정이 텍스트상으로 읽으면 유별나게 보일지 몰라도, 실제 우리 주변에서 흔하게 볼 수 있는 모습들이다. 주변 어린 아이들이 "나중에 우리 엄마랑 또는 우리 아빠랑 결혼할 거야."를 말하는 모습을이 바로 그것이다. 이때에 아이들은 동성 부모와 자신을 동일시함으로써 오이디푸스 콤플렉스 또는 엘렉트라 콤플렉스를 해결하여 초자아(도덕)를 형성한다.

네 번째 발달 단계는 '잠재기Latency period'이다. 이는 6세에서 12세(사춘기)까지이며, 이름에서 알 수 있듯이 다른 단계에 비해 상대적으로 차분한 시기이다. 성적 소망은 밖으로 표출하기보다는 무의식의 잠재에 안전하게 꽁꽁 숨겨져 있다. 정신 에너지는 사회적으로 수용될 수 있는 활동들과 지적, 사회적 추구를 포함하는 활동들로 좁혀진다.

마지막 단계인 생식기genital stage는 청소년기의 급격한 신체적 성장과 호르몬의 변화 즉, 성적 성숙과 함께 시작된다. 그동안 억제되어 있던 성적 에너지가 다시 성기로 향하면서 이성에 대한 관심과 함께 성행위를 추구하게 된다. 이성 간의 서로 다른 성 정체성을 인식하여 성적 욕구와 대인 관계의 욕구를 어떻게 하면 충족할 수 있는가를 탐색한다. 이 시기에는 대인 관계를 통하여 만족을 추구하고, 직접적인 성행위를 충족하지 못할 때에는 자위행위를 통해서 성적 긴장감을 해소하며 쾌락을 경험한다.

각 심리 성적 발달 단계에서 충족해야 할 욕구를 지나치게 만족하거나 만족되지 못하고 좌절될 경우, 다음 단계로 넘어가지 못하고 그 단계에 계속 머무르게 되는데, 이 현상을 '고착fixation'이라 한다. 각 단계에 고착할 경우, 이를 만족시키거나 해결하려는 무의식적 시도가 나오기 마련이다. 가령 손을 물어뜯는 습관이라든가, 담배와 같이 입에 의존하는 것은 구강기의 고착과 관련 있는 것이다. 반대로 구강 욕구를 지나치게 만족할 경우 지나치게 낙관적인 성격 또는 의존적인 성격으로 발전하게 될 수 있다. 이무석 박사는 구강기 고착과 비만이 관련 있다고 하였다.

더불어 항문기에 고착될 경우 물건 낭비, 결벽증, 완벽주의자 등의 항문기적 성격으로 발전하게 된다. 남근기에 오이디푸스 콤플렉스 또는 엘렉트라 콤플렉스를 해결하지 못하고 좌절하여 고착될 경우, 이후 성인이 되어 성 불능, 불감증으로 나타날 수 있다. 잠복기는 리비도가 무의식에 잠재되어 또래와의 교류를 통해 승화시키지만, 고착될 경우 성적 억압에서 오는 수치심, 혐오감이 발생할 수 있다. 반면 생식기는 리비도가 다시 활성화되는 시기로 고착이란 개념이 존재하지 않는다.

프로이트는 본능의 욕구와 도덕성의 초자아 사이에서 완충 지대의 역할을 하는 자아를 매우 강조하였다. 건강한 사람이라면 현실의 문제들을 적절하게 대처할 수 있는 강한 자아(Ego)와 약하지도 강하지도 않은 적당한 초자아가 발달되어 있다고 한다.

4. 칼 융의 분석심리학

칼 구스타브 융$^{Carl\ Gustav\ Jung,\ 1875~1961}$은 스위스의 정신분석자이자 분석심리학의 창시자이다. 프로이트는 인간의 행동을 이끄는 성적 에너지 '리비도'에 따라 인간의 발달 단계를 나누었지만 융은 '리비도'를 성적 에너지가 아닌 '생활 에너지'로 보았다. 이러한 점에서 어린 시절의 영향이 이후의 삶을 결정한다는 프로이트의 결정론적 관점과는 반대로 융은 생활 속에서 성격은 후천적으로 변할 수 있고 미래의 목표와 열망에 의해 형성된다고 했다. 즉, 청소년들의 삶을 결정하는 것은 어린 시절이 아닌 생활 속에 있다는 것이다. 그는 인간의 본질을 정신의 전체성^{whole}에 있다고 보았으며, 전체성을 '자기'로 파악하여 '자아'와 구별하였다. '자아^{ego}'가 '일상적인 나'라면, '자기^{self}'는 의식과 무의식을 아우르는 '본래적인 나'이다.

융은 정신 에너지에는 세 가지 원리인 대립opposition, 등가equivalence, 균형entropy가 있다고 보았다. 대립의 원리를 애증을 예로 들어 볼 때, 사랑의 에너지와 반대되는 증오의 에너지가 양극성으로 존재하여 갈등을 야기하는 것이다. 등가 원리는 '에너지 보존 원리'를 정신의 기능에 적용한 것으로, 추구하던 것이 상실되었을 때 사용되었던 에너지는 사라지지 않고, 다른 것으로 전환되는 것이다. 예를 들어 오토바이를 취미로 두려던 사람이 지인의 오토바이 사고 소식을 듣고, 이를 대신할 오픈카를 운전하는 것으로 취미를 두는 것이다. 마지막 균형의 원리로 물리학에서 말하는 에너지 차이의 평형이다. 가령 뜨거운 물과 차가운 물이 서로 만났을 때, 열은 같은 온도를 맞추기 위해 뜨거운 것에서 차가운 것으로 이동한다. 이렇듯 정신 내에서도 욕망의 가치가 다르다면 균형을 이루기 위해 강한 욕망에서 약한 욕망으로 흐르게 된다. 그러나 우리의 정신이 평형 상태를 이룬다면 우리의 뇌는 더 이상의 정신 에너지를 생성하지 않는다. 따라서 대립의 원리가 정신 에너지를 생성하고자 갈등을 계속적으로 요구하는 것이다.

1장
청소년 심리학

1) 정신 구조

융은 인간의 정신을 크게 의식conscious, 개인 무의식personal unconscious, 집단 무의식collective unconscious 등 세 가지 수준으로 구분하였다.

의식conscious이란 우리가 직접 알고 있는 정신의 부분이다. 의식은 자아에게 지배되며, 자아는 정신 전체 속에서는 작은 부분을 차지하고 있으나, 의식에 이르는 문지기 역할을 하고 있다. 인간은 자아를 통해 자신을 외부로 표현하고, 외부 현실을 인식하기도 한다. 의식은 자아에 의해 외부 세계와 타인을 대하는 두 가지 태도를 비추는데, 자아가 외부 대상을 대하는 태도가 능동적이라면 외향성extraversion이라 한다. 이와 반대로 의식을 자신의 주관적 세계(내면)로 향한다면 '내향성introversion'이다. 또한 의식의 '기능'이란 개인의 주관적 세계와 외부의 세계를 지각하고 이해하는 서로 다른 방식을 의미한다. 정신 기능의 구성 요소에는 사고thinking, 감정feeling, 감각sensing, 직관intuition 등이 있다. 융에 따르면 정신적 기능의 구성 요소는 정신의 반대의 원리에 따라 합리적 차원(사고-감정)과 비합리적 차원(감각-직관)으로 구분된다. 이러한 기능의 구성 요소

중 어떠한 것을 우선적으로 사용하느냐에 따라 기본적인 성격이 달라진다. 그는 심리적 태도와 기능으로 인하여 심리적 유형이 여덟 가지로 결정된다고 보았다.

기능 태도	사고 thinking	감정 feeling	감각 sensing	직관 intuition
외향성 extraversion	외향적 사고형 ET	외향적 감정형 EF	외향적 감각형 ES	외향적 직관형 EN
내향성 introversion	내향적 사고형 IT	내향적 감정형 IF	내향적 감각형 IS	내향적 직관형 IN

현재 성격 유형 심리 검사로 널리 알려진 MBTI^{Myers-Briggs Type Indicator}는 이러한 융의 심리적 유형에 기초한 것이다.

개인 무의식^{personal uncnonscious}은 의식에 인접한 부분으로, 쉽게 의식화될 수 있는 망각된 경험이나 감각 경험으로 구성된다. 융의 개인 무의식은 쉽게 의식화될 수 있다는 점에서 프로이트의 전의식과 유사하기도 하지만, 무의식까지 포함하고 있다는 점에서 상이하다. 개인에게 있어 중요하지 않은 기억들, 고통스러운 기억들은 망각되었거나 억제된 자료들이다. 의식에 머무를 수 없는 부분들은 모두 개인 무의식에 저장되는 것이다.

집단 무의식collective unconscious은 융의 독창적인 개념인데, 분석심리학의 가장 핵심적인 개념이라 할 수 있다. 집단 무의식은 개인의 경험이 아닌 많은 사람들이 역사와 문화를 통해 공유해 온 모든 정신적 자료의 저장소이다. 우리나라의 경우, 우리의 문화와 역사가 개인들에게 구비 전승되어 민족성을 이루었으며, 6.25 전쟁 이후 무너진 경제를 '빨리빨리' 정신을 바탕으로 한강의 기적을 만들어 일으켜 세운 데에는 집단 무의식이 바탕이 되었다. 이러한 정신은 결국 한국을 IT 강대국으로 발전시키는 결과를 낳았다. 이렇듯 그 나라의 역사와 가치관은 개인의 집단 무의식으로 저장된다. 집단 무의식은 평소에는 의식할 수 없으나, 인류 역사를 통해 물려받은 신화, 민속, 예술, 문화 등을 통해 집단 무의식의 존재를 관찰할 수 있다.

2) 원형

집단 무의식을 구성한 인류 역사로부터 물려받은 정신적 소인을 원형archetypes이라 하는데, 이는 형태를 가진 이미지이다. 융의 대표적 원형은 페르소나persona, 그림자shadow, 아니마와 아니무스anima & animus로 구분하여 살펴볼 수 있다.

(1) 페르소나persona

우리는 우리가 속한 사회와 문화에 영향을 받은 그 나라 사람이라는 의식적인 인격이 있다. 융은 이를 '페르소나'라 명명하였다. 페르소나는 희랍 시대 연극배우의 가면을 가리키는 용어였다. 이는 자아와 함께 의식에 속하여 있으며, 환경의 요구에 조화를 이루고자 하는 적응의 원형이다. 우리가 사회에 적응하는 데 있어 사회적 요구에 대한 반응으로 공개적으로 내어놓는 가면적인 역할인 것이다. 가령, 가족이라는 작은 사회에서는 부모님의 아들, 딸이라는 역할이 있을 것이며, 또래 친구들에게는 친구의 역할, 학교에서는 학생의 역할, 직장에서는 직장 내 직위에 맞는 역할 등이 있겠다. 우리는 사회적 가면을 통해 다른 사람에게 좋은 인상을 주기 위해 노력하며, 자신의 본래의 모습은 숨긴다. 만약 겉으로 드러나는 페르소나와 내면의 자기가 정반대의 성격이라면 이중적인 성격으로 사회적 적응에 어려움을 겪게 될 것이다.

(2) 그림자shadow

인간은 페르소나에 부합하는 삶을 살기 위하여 노력한다. 하지만 사회적으로 종교적으로 도덕적으로 허용될 수 없는 것들이 우리의 마음에 존재하기 마련인데, 융은 이를 그림자shadow라 표현하였다. 이러한 그림자는 의식적인 인격과 함께 있을 수 없어 거부와 회피에 의해 무의식으로 남은 것이다. 그림자는 인간의 어둡고 추악하고 사악한 부분을 나타내는 원형이다. 가령 남에게 베풀고 사는 사람의 이면에는 자신의 마음대로, 이기적으로 사람들을 편하게 대하고 싶은 마음이 들 때도 있을 것이다. '자기중심적이고 이기적인 이 그림자를 어떻게 제거할 수 있을까'라는 질문을 던질 수도 있겠다. 하지만 융은 불가피한 어두운 부분에 대하여 이러한 질문보다는 '어떻게 그림자와 함께 살 수 있는가'라는 질문을 해야 한다고 권하고 있다. 내면의 혼란을 느끼는 청소년기에는 내면의 선과 악의 대립이 일어나기 마련이다. 하지만 그림자와 같이 어두운 부분이 자리한 불완전함을 품고 내면의 단단함을 향해 나아간다면 건강한 모습으로 다른 이들에게 선한 영향력을 끼칠 수 있는 삶을 살아갈 수 있다. '삶의 동행자'이자 '의식적 인격의 어두운 반려자'인 그림자라는 '불완전함을 통해 완전함에 이르는 삶'을 살아갈 수 있는 것이다.

(3) 아니마 & 아니무스 anima & animus

융은 인간에게는 양성이 있다고 봤다. 이를테면 남성에게는 남성성과 여성성, 여성에게는 여성성과 남성성이 동시에 존재한다고 보는 것이다. 아니마는 남성의 무의식을 가리키는 것으로 여성적 성향을 띤다. 남성의 의식적 성격에는 능동성, 합리성, 행동성, 강인함 등 남성성이 주로 나타나지만 이러한 성향의 정반대인 수동성, 직관성, 감수성, 부드러움 등의 여성성인 아니마 또한 존재하는 것이다. 융은 『심리학적 유형 Psychological Types, 1921』이라는 저서에서 아니마와 아니무스를 다음과 같이 규정하였다. 남성의 무의식은 보통 여성성인 아니마로 의인화되며, 여성의 무의식은 남성성인 아니무스로 의인화되는 것이다. 이러한 아니마와 아니무스는 우리의 내면에 있는 별개의 존재로서 분리하여 파악할 수 없는 동일한 하나의 이미지로, 삶의 모습에 따라 다른 방식으로 나타난다. 과거에는 '남자라면 눈물을 흘리면 안 된다.'라는 말이 있을 정도로 마초적인 남자의 모습을 지향했다면 현대에 들어서는 남성도 아니마를 띠며 감수성과 부드러움을 나타낸다. 여성의 경우에도 강인한 스포츠(예: 유도, 주짓수 등)를 통해 아니무스를 나타낸다. 아니마와 아니무스는 내적 인격으로서 우리의 내면에 존재한다. 남성은 자신 안에 있는 아니마를 통해 사랑을 이해하고 개발하는 것을 통해, 여성은 아니무스를 통해 이성을 갖춘다면 성숙한 인간으로 발전할 수 있다.

5. 피아제의 인지발달이론

피아제Jean Piaget, 1964는 인지발달이론의 대표적인 학자로 알려져 있으며, 21세기 스위스의 심리학자이다. 그는 아동의 인지 발달은 환경에 대한 적응으로부터 생겨난다고 보았다. 또한 아동은 환경, 세상에 대한 지식을 알기 위해 노력하면서 살아갈 힘을 얻는다. 피아제는 이러한 지식을 도식scheme, schema: 스키마이라고 하였다. 이런 도식은 정보들을 조직화하고 통합하는 데 있어 중요한 부분이다. 우리가 새로운 지식을 받아들일 때, 기존의 도식은 어떠한 정보를 받아들일지를 선택하게 되는 것이다. 도식은 지식의 뼈대로써 세상을 이해하고 정보를 조직하고 해석하기 위해 존재한다.

인지 적응에 있어 '동화assimilation'와 '조절accomodation'이라는 개념은 도식의 발달에 영향을 준다. 동화란 새로운 개념을 받아들일 때, 우리가 이미 갖고 있는 도식을 통해 해석하는 것이다. 예컨대, 강아지를 발이 네 개 달린 것으로 도식화한 아이가 고양이를 본다면 '강아지'라 부를 것이다. 하지만 곧 아이는 고양이와 강아지가 엄연히 다른 종이라는 것을 깨닫게 된다. 아이가 꼬리의 움직임이라든가 고양이 특유의 날카로운 눈빛을 보고 강아지와 고양이의 다름을 새롭게 받아들였다면, 이는 '조절'에 의한 것이다.

피아제는 인간은 특정한 인지적 발달 경향성을 가지고 태어나지만 친구, 성인 등과 같은 사회 환경과의 상호 작용을 어떻게 하느냐에 따라 지적 능력 차이가 난다고 하였다.
아울러 그는 인지 발달 단계를 네 단계로 나누어 설명하였다. 감각 운동기, 전조작기, 구체적 조작기, 형식적 조작기로 나누어진 이 네 단계는 질적으로 다르기 때문에 순서대로 진행되고 단계가 높아질수록 복잡성이 증가한다고 하였다. 전 단계에서의 성취를 바탕으로 다음 단계로 나아가기에 만약 전 단계에서 성취하지 못한다면 다음 단계로 발전할 수 없다.
피아제의 각 인지 발달 단계와 특징을 정리하면 다음과 같다.

인지 발달 단계	연령	단계 설명
감각 운동기 sensorimotor period	출생~2세	감각과 운동을 통해 외부 환경을 이해하고 적응하는 시기이다. 자신의 눈앞에 보이지 않는 장난감은 이 세상에 존재하지 않는다고 인식한다.
전조작기 preoperational period	2세~6세	언어가 급격히 발달하고 상징적 사고 능력이 증가하는 시기이다. 자기중심적이며, 논리적 사고가 되지 않으며 직관적 사고에 따른 판단을 한다. 사물에 대하여 감각과 운동보다는 상징, 상상, 모방 등을 사용하는 표상 능력이 증가한다.
구체적 조작기 concrete operational period	6세~12세	논리적 조작을 통한 구체적 문제 해결이 가능한 시기이다. 자기중심적 사고에서 벗어나 사물 간 관계를 이해할 수 있다. 수학적 연산은 가능하나, 추상적인 추론을 하지 못한다. 사고가 실제적이고 구체적 대상에 한정한다. 분류화, 서열화가 가능하다.
형식적 조작기 formal operational period	12세~	청소년은 추상적 상징을 사용함과 더불어 가설적, 연역적 추론이 가능할 수 있는 인지 기능이 발달한다.

청소년기는 피아제가 제시한 형식적 조작 사고를 발달시키는 단계인데, 이와 같은 성숙한 사고 체계로 문학, 수학, 그리고 과학의 복잡한 사고 체계를 익힐 수 있는 것이다. 성숙한 사고 체계는 미래를 계획하고, 과거와 현실 사이를 자아정체감으로 통합시켜 준다. 이러한 능력은 성인다운 사회 정서적 적응을 위해서 필수적이다.

그의 저서 『아동의 도덕적 판단The Moral Judgement of the Child』에서 제시된 아이디어는 도덕성의 기원에 대한 인지 이론의 기초가 되었다. 그는 도덕적 추론을 발달시킬 때 성인의 영향보다는 또래들과의 상호 작용이 더욱 중요하게 작용한다고 강조하였다. 피아제는 아동들의 규칙에 대한 이해 발달을 알아보고자 5세~13세의 스위스 아동들에게 구슬놀이 규칙에 대하여 질문을 하였다. 이를테면 규칙은 어디에서 왔고, 무엇이 규칙 위반인지, 어떠한 처벌이 정당한지, 모든 이들이 규칙을 지킬 의무가 있는 것이며, 규칙은 바뀔 수 있는 것인가 등이었다.

또한 피아제는 아이들에게 다음의 딜레마를 들려주었다.

Story A:	존이라는 어린 남자아이가 자신의 방에 있다. 그의 어머니께서 저녁을 먹으라고 부르셔서 그는 거실로 갔다. 그러나 문 뒤에 의자가 있었고, 의자 위에는 15개 컵이 놓인 쟁반이 있었다. 존은 이러한 사실을 모른 채 문을 열고 들어갔고, 문이 쟁반에 부딪혀 컵들은 모두 깨졌다.
Story B:	헨리라는 어린 남자아이가 있었다. 어느 날 어머니가 외출했을 때 그는 찬장에서 잼을 꺼내려고 의자로 올라가 팔을 뻗었다. 하지만 잼은 너무 높은 곳에 있었고 손이 닿지 않아 꺼낼 수 없었다. 잼을 꺼내려던 시도 끝에 컵을 넘어뜨렸고 아래로 떨어져 깨졌다.

(Piaget, 1932/1965)

이 이야기를 들은 아동들은 어느 남자아이가 더 나쁜지, 또 그러한 이유에 대해 이야기하였다. 피아제는 이들의 반응을 연구 기법에 사용하여 도덕 단계를 이론화하였다. 도덕 단계는 '타율적 도덕성 단계', '자율적 도덕성 단계'로 나뉜다.

1) 전 도덕기(도덕 단계 이전)

유아기의 아동들(5세 이전)은 규칙을 의식하고 있지 않으며, 관심이나 이해조차 없었다. 만약 이 시기의 아이들이 게임을 하게 된다면 게임 규칙을 이해해서 재밌는 것이 아닌 단순히 활동 자체가 흥미롭기 때문에 놀이로써 받아들이는 것이며, 상대를 이겨야겠다는 의도를 갖고 체계적으로 놀지 않는다. 이들의 옳고 그름의 판단에는 일관된 기준이 없기에 일관적인 모습 또한 보이지 않는다.

2) 타율적 도덕성 단계 heteronomous morality

5세~10세에 해당되는 아동은 타율적 도덕성 단계에 접어들면서 규칙에 대한 강한 존중을 보인다. 규칙이 마치

권위자로부터 세워진 절대적인 것 또는 불변의 진리로 받아들인다. 한번 정해진 규칙은 이를 무르거나 바꾸려는 시도를 하지 않는다. 이 시기에 속한 아동은 어떠한 사건을 접할 때 객관적인 결과로 판단하려 하지만, 사건의 의도는 파악하려 들지 않는다. 가령 어머니의 설거지를 도우려다가 접시를 5장 깨뜨린 A, 찻장 위 저금통에서 돈을 훔치려다가 접시 1장 깨뜨린 B 중에서 누가 더 나쁘냐고 물어본다면, 타율적 도덕성에 있는 아동(혹은 다음 단계로 발전되지 못한 성인)은 A가 나쁘다 할 것이다. 접시 5장을 깨뜨린 결과에만 초점을 맞췄기 때문이다.

3) 전환기(타율적 도덕성에서 자율적 도덕성으로)

구체적 조작기에 도달할 때, 다음 단계로의 전환이 일어난다. 피아제는 또래들과 동등한 위치에서 상호 작용을 하는 사회적 경험이 중요하다고 보았다. 또래와 사이좋은 관계를 맺고 서로의 목표를 이루기 위해서는 다른 사람의 입장에서 바라볼 줄 알아야 하며, 갈등이 있을 때에는 어떠한 방식으로 접근해야 서로 원원할 수 있는지를 생각해 보고 그러한 방향으로 해결하는 것을 몸소 체득하여야 한다.

이때 아동들은 불변의 진리로 받아들여졌던 규칙을 집단이 정하고 바꿀 수 있음을 배운다. 대등한 지위에서 또래와 접촉하는 등의 사회적 경험들은 타율적 단계에서 자율적 단계로의 발달을 도우며, 세상을 여러 관점과 넓은 시야로 바라보도록 돕는다.

사회에서 정한 법과 도덕, 규칙을 지켜야 하는 것은 규칙에 대한 존중과 사회적 정의 의식이며 이는 도덕적 성숙에서 비롯된다.

4) 자율적 도덕성 단계 autonomous morality

10세~11세는 자율적 도덕성에 도달하며, 이 시기 아이들의 사회적 규칙은 그 사회에 속한 이들끼리 합의하에 세워진 것이기에 변경이 가능하다는 것을 깨닫게 된다. 가령 이러한 것이다. 화재가 난 곳으로 긴급 출동하는 소방대원이 만약 신호 및 과속 위반을 하였다면, 자율적 도덕성을 가진 아동은 소방대원의 의도를 파악할 줄 알기에 그것이 잘못이 아니라는 도덕적 판단을 내릴 수 있다.

6. 콜버그의 도덕성 인지발달이론

도덕성 인지발달이론의 대부인 콜버그 Lawrence kohlberg는 인간의 도덕성 추론 능력의 발달은 인지적 발달과 관련되어 있기 때문에 도덕 발달은 단계적이며, 이러한 발달 순서는 모든 사람과 모든 문화에서 동일하게 나타난다고 하였다. 또한 그의 연구는 앞선 피아제의 이론을 확대하여 전 생애에 걸친 도덕 발달 이론을 상세하게 제시하였다.

그의 이론은 아동이나 청소년에게 가설적 딜레마를 제시한 후에 이들이 도덕 판단을 요하는 딜레마에 어떻게 접근했는지를 분석함으로써 발전하였다. 콜버그는 여러 종류의 도덕적 딜레마를 사용했으며, 그중 하인츠의 딜레마 Heinz's dilemma가 가장 유명하고 많이 인용되고 있다. 그 이야기는 다음과 같다.

> "유럽에 살고 있는 어떤 부인이 병으로 죽어 가고 있었다. 그 부인을 살리는 약은 오직 한 가지밖에 없었으며, 그 약은 같은 마을에 사는 어느 약제사가 발견한 것으로 일종의 라듐이었다. 그 약은 재료 원가가 비싸기도 했지만, 약제사가 라듐을 200달러에 구입하여 적은 분량의 약을 만든 후, 원가의 10배나 되는 2,000달러를 요구한 것이 문제였다. 남편인 하인츠는 약을 구매할 돈을 구하려고 아는 지인들을 찾아다녔지만, 그가 모은 것은 약값의 절반인 1,000달러였다. 하인츠는 약제사에게 부인이 죽기 직전이라는 사정을 설명하고 약을 싸게 팔거나 아니면 외상으로라도 팔아 달라고 간청하였으나, 약제사는 그에게 '안 됩니다. 이것은 제가 발견하였고 이 약을 개발하기 위해 많은 시간을 들였습니다. 그러니 저는 이 약을 통해서 돈을 벌 겁니다'라고 거절하였다. 심히 절망한 하인츠는 마침내 약방 문을 부수고 들어가 부인을 위하여 약을 훔쳤다."

(Colby & Kohlberg, 1987)

 이러한 딜레마를 제시한 콜버그는 아동들에게 여러 가지 질문을 하였다. 하인츠가 왜 약을 훔쳐야만 하였는지, 그의 절도는 옳은 것인지, 남편으로서의 의무는 무엇인지, 라듐을 원가의 10배나 되는 가격을 책정한 약제사는 옳은 것인지, 부인을 구한 남편의 행동에 대하여 생명의 보존이 인간의 가치 중에서 가장 중요한 것인지 등의 질문을 통하여 아동이 도덕 문제를 결정할 때 적용하는 근거와 사고 구조를 분석하였다.

그에 따라 콜버그는 인간의 도덕 추론 단계를 전인습적 도덕성 단계preconventional morality stage, 인습적 도덕성 단계conventional morality stage, 후인습적 도덕성 단계post-conventional morality stage로 나누고, 각 수준에 두 단계의 도덕성을 추가하여 총 6단계로 구성하였다. 콜버그는 도덕 발달 단계의 수준을 결정하는 것은 내면화internalization라 하였으며, 발달 수준이 높아짐에 따라 도덕을 판단하는 기준이 외적에서 내적으로 변화한다고 하였다. 각 수준과 두 단계는 다음과 같다.

1) 수준 1: 전인습적 도덕성preconventional morality stage

전인습적 수준은 도덕 발달의 가장 낮은 수준으로, 이 단계의 아동은 규칙이 내면화되어 있지 않으며, 처벌을 피하거나 보상을 받기 위해 외부에서 주어진 규칙을 따른다. 이 수준은 다음의 두 가지의 하위 단계로 구분된다.

(1) 1단계: 타율적 도덕Heteronomous Morality 단계

이 단계는 처벌과 복종을 지향하는 것으로, 행동의 옳고 그름은 결과에 달려 있다고 보는 것이다.

(2) 2단계: 개인주의^{Individualism} 단계

이 단계는 쾌락을 지향하는 것으로 물물 교환^{exchange} 단계로 불리기도 한다. 보상을 바라고 개인적 목적을 만족하기 위해 규칙을 따르며, 이득을 위한 맞교환을 한다.

2) 수준 2: 인습적 도덕성^{conventional morality}

다른 사람에게 인정받기 위해 또는 사회 질서를 유지하기 위해 규칙이나 사회적 규범을 따르려고 한다. 외적인 보상과 처벌 대신에 사회적 칭찬과 비난에 대한 회피가 도덕적 행위의 동기가 된다.

(3) 3단계: 대인 간 기대^{Mutual Interpersonal Expectations} 단계

다른 말로는 좋은 소년^{good boy}, 좋은 소녀^{good girl}라 불리는 단계이다. 자신과 가까운 사람들의 기대에 부응하고자 좋은 행동을 하는 것이다. 타인에 대한 배려, 충성심 등이 핵심적 기준으로 작용하여 도덕적 사고를 판단한다. 착하고 선한 것을 중요하게 여기며, 타인과 좋은 관계를 유지한다.

(4) 4단계: 사회 시스템 도덕 Social Systems Morality 단계

법과 질서를 지향하며 이를 따르는 단계이다. 사회 체계를 유지하고자 애쓰며, 법과 규칙을 따르지 않으면 사회적 질서가 붕괴될 것을 두려워하고 이를 피하려고 한다.

3) 수준 3: 후인습적 도덕성 postconventional moraility

이 수준은 도덕성이 완전히 내면화되어 외부 기준이 필요치 않은 수준이다. 옳고 그름은 정의의 원칙에 의해 판단된다. 개개인마다 다른 도덕적 기준을 갖고 있음을 이해하는 수준이기도 하다.

(5) 5단계: 개인의 권리 및 사회 계약 Individual Rights and Social Contract 단계

다수의 뜻과 인간의 가치를 표현하는 것이 법의 목적이기에 이를 지켜 낸다. 따라서 법을 지킨다는 것은 그 자체가 목적이 아니다. 생명, 자유, 인권과 같은 가치와 권리들은 법전을 초월할 수 있으며, 변화 가능한 것으로 보고 있다. 이를테면 인간의 권리나 존엄성을 위협하는 법률은 변경할 수 있다고 보는 것이다. 5단계는 현실적으로 콜버그의 도덕 발달 단계에서 가장 높은 수준으로 볼 수 있다.

(6) 6단계: 보편적 윤리적 원칙Universal Ethical Principles 단계

이 단계에서 도덕 판단의 기준은 법이나 관습이 아닌 윤리적 양심이다. 예를 들어 법이 인권 평등이나 개인의 존엄에 대한 존중을 저버린다면 개인은 법보다 보편적 정의 원칙, 윤리적 양심에 따라 행동해야 한다.

이렇듯 도덕성 발달은 청소년기를 지나 성인기까지 지속되는데, 모든 사람이 후인습적 수준에 이르는 것은 아니라고 한다. 콜버그에 따르면 성인 대부분은 수준 2인 인습적 수준에 머물러 있다고 한다. 후인습적 수준에 이르는 것은 매우 어렵고, 이른 사람도 드물다고 한다. 이러한 현상은 개인이 현재의 도덕적 추론 방식을 반성할 충분한 기회를 제공받지 못했기 때문이므로 교육이나 지도자의 역할이 중요하다고 한다.

7. 에릭슨의 심리사회적발달이론

프로이트의 정신분석이론의 계승자인 에릭 에릭슨^{Erik H. Erikson: 1902~1994} 또한 프로이트 못지않은 파급력을 발휘한다. 에릭슨은 프로이트의 정신분석학적 관점에서 사회 문화적 요소를 더한 이론을 만들었다.

에릭슨은 인간의 발달 과정을 8단계로 제안하였다. 그 범위는 영아기부터 노년기까지이며, 각 단계에서는 개인이 해결해야 할 특정 위기, 과업들이 있다. 만약 해당 단계에서 발생하는 위기들을 제대로 해결하지 못한다면 해결할 때까지 계속해서 위기에 직면하게 된다. 과업을 성공적으로 해결한다면 건강한 발달을 할 수 있다. 그가 제시한 발달 단계 및 단계에서 요구하는 과업들은 다음과 같다.

발달 단계	과업
영아기	신뢰 대 불신 trust vs. mistrust
아동 초기	자율성 대 수치심과 의심 autonomy vs. shame & doubt
아동 후기	주도성 대 죄의식 initiative vs. guilt
학령기	근면성 대 열등감 industry vs. inferiority
청소년기	정체성 대 혼돈 identity vs. role confusion
성인 초기	친밀감 대 고립감 intimacy vs. isolation
성인기	생산성 대 침체성 generativity vs. stagnation
노년기	자아 통합 대 절망 Ego intergrity vs. despair

1) 1단계: 신뢰 대 불신 trust vs. mistrust

이 시기는 생후 1년 사이에 경험한다. 영아는 원하는 것을 일관되게 얻고 욕구를 만족스럽게 충족하며 자신이 안전한 곳에서 살아가고 있음을 경험하게 된다면, 세상을 안전한 곳으로 여기며 신뢰하게 된다. 만약 이 과업에 실패한다면 앞으로 펼쳐질 삶에서 사람과의 친밀한 관계 형성에 어려움을 겪는다. 에릭슨에 따르면 신뢰 대 불신 사이는 적당한 비율을 두어야 건강한 발달을 이룬다고 한다. 가령 불순한 의도로 접근하는 사람에게 어리숙한 모습으로 지나친 신뢰를 보이는 것은 필요하지 않다. 건강한 자아의 발달과 성장을 위해서는 적절한 불신감도 필요하다.

2) 2단계: 자율성 대 수치심과 의심 autonomy vs. shame&doubt

이제 걸음마를 시작하고 세상을 탐색해 나가는 2세경의 발달 과제이다. 프로이트의 항문기에 해당하는 시기이며 1세에서 3세까지이다. 이 시기에는 주변 환경을 자유롭게 탐색하고 충분한 경험을 통해 성취감을 느끼게 되어 자율성이 생기게 된다. 새로이 얻은 자율감을 경험한 아이는 자율성을 얻어 내기 위한 투쟁으로 떼쓰기 등의 강한 거부를 보인다. 만약 이 시기에 부모가 아이를 지나치게 통제하고 억압하면 자신의 능력에 대한 수치심과 의심을 갖게 된다.

3) 3단계: 주도성 대 죄의식 initiative vs. guilt

프로이트의 남근기에 해당하는 시기로 3세~6세가 이에 해당한다. 이 시기의 아동은 부모와 자신을 동일시하며, 부모로부터 삶을 배운다. 이 시기에는 놀이 활동을 통해 아이들과 경쟁하고 자신이 원하는 것을 적극적으로 주장하면서 주도성을 기른다. 또한 지속적으로 목표를 세우고 이를 성취하기 위한 노력을 한다. 새롭게 주도적으로 무언가를 하려 할 때, 이를 과하게 제지하거나 처벌을 한다면 주도성에 대한 과도한 죄의식이 생겨나 부정적인 결과로 이어질 수 있다.

4) 4단계: 근면성 대 열등감 industry vs. inferiority

자아 발달에 결정적인 시기로, 프로이트의 잠복기(잠재기)에 해당하며 연령은 6세에서 11세까지이다. 또래들과 협동하는 방법을 배우고 성실하게 학업에 열중한다. 이때 자신이 열심히 노력한 결과로 성취감을 맛보는데, 만약 자신이 노력한 만큼의 결과를 얻지 못한다면 주변의 친구들보다 뒤처진다는 느낌을 받아 열등감이 생기게 된다. 이 시기의 근면성의 결여는 "나는 결코 대단한 사람이 아니야."라는 잘못된 신념에 갇혀 성인이 되어서도 자신의 성공에 대한 자부심을 느끼지 못할 수 있다.

5) 5단계: 정체성 대 혼돈 identity vs. role confusion

이 단계는 12세에서 18세까지이며 프로이트의 생식기에 해당한다. 사춘기라고도 할 수 있는 이 시기에는 잠재되어 있던 극적인 신체적 변화와 강한 성적 충동이 다시 일어나며, 진학 문제와 전공의 선택, 이성 문제 등 수많은 결정에 놓인다. 에릭슨은 발달 단계 중에서 특히 청소년기를 중요하게 여겼으며, 이때의 중요한 과업을 자아정체감으로 보았다. 자아정체감 identity 은 자신의 독특성에 대해 비교적 안정된 느낌을 갖는 것으로, 대인 관계 속에서 자신의 행동, 사고, 정서의 변화에도 불구하고 자신을 여전히 고유한 동일한 존재로 인식하는 태도이다. 이를 통해 자신이 어디로 나아가는지 그리고 사회에서는 어떠한 일을 하고 어디에 적합한가를 알게 된다.

과거 자신의 정체성과 미래에 대한 수많은 선택지와 불확실성 사이에 놓인 상태에서 가장 근본적이고 어려운 질문인 "나는 누구인가?"에 대한 해답을 찾아야 하는 시기이기도 하다. 자아정체성의 확립을 하지 못한다면 이를 찾기 위해 일종의 유예기를 가지는데, 이를 '심리적 유예psychosocial moratorium'라 한다. 유예기를 갖는 동안에는 다양한 맥락에서 자신의 위치를 시험하는데, 이때 이들의 변덕스러운 모습들은 유예기를 통해 자아정체감을 형성하려는 능동적인 노력이다. 만약 자아정체감의 위기를 극복하지 못한다면 부적절한 자아를 가질 수 있으며 그로 인해 청소년의 비행과 일탈 같은 부적응적 행동을 보이는 경우도 발생한다. 건강한 성인으로 성장하려면 해당 단계에서 요구하는 과업을 성공적으로 극복해야 한다.

6) 6단계: 친밀감 대 고립감 intimacy vs. isolation

이 단계는 프로이트의 성기기에 해당하는 것으로, 타인과의 관계에서 친밀감을 이룩하는 것을 중요한 발달 과업인 시기이다. 자신에게만 몰두했던 청소년기를 지나면서 점차 타인에 대한 관심을 넓히기 시작한다. 타인과 의미 있는 대인 관계를 형성함으로써 친밀감을 충족한다.

5단계에서의 합리적인 정체감을 바탕으로 적절한 친밀감을 형성한다. 만약 친밀감을 성취하지 못할 경우 삶의 고립감을 느끼고 우울감에 빠질 수 있다. 하지만 적절한 수준의 고립감은, 건강한 발달을 위해 필요하기도 하다. 친한 무리들과 함께하더라도 그 안에 고립감은 있기 마련이기에 적절한 수준의 친밀감은 성숙된 자아, 사랑을 발달시킬 수 있다. 부부의 경우, 한쪽이나 양쪽 모두 자아정체감의 확립이 제대로 되지 않은 상태에서 결혼을 시작한다면 결혼 생활이 행복하지 않을 가능성이 높다.

7) 7단계: 생산성 대 침체성 generativity vs. stagnation

이 단계는 중년기의 발달 과업이다. 부부간의 친밀감을 형성하게 되면 그 관계는 두 사람을 넘어서 적용되는

데, 생산성이란 좁은 의미에서는 자녀를 낳고 기르는 것이며, 넓은 의미에서는 다음 세대를 향해 자신의 능력과 가치를 전수하는 모든 활동을 의미한다. 예컨대 물건을 만들거나 지식을 알리는 활동 등이다. 이 시기는 본인이 직접 활동하여 성취하는 것보다는 후배들에게 도움을 주면서 성취감을 느끼고, 이를 통해 후배들의 감사를 받는 것이 중요해지는 시기다. 부모의 경우에는 자신의 만족이 아닌 다음 세대인 자녀의 양육과 지도, 호의를 통해 생산성을 발달시킨다. 하지만 생산성에 있어 문제가 생긴다면 과도한 자기 몰두, 공허, 지루함 등의 자기 침체 stagnation가 나타날 수 있다.

8) 8단계: 자아 통합 대 절망 Ego intergrity vs. despair

'자아 통합 또는 절망'의 위기를 극복하는 것은 노년기의 발달 과업이다. 보통의 사람들은 이 시기를 인생의 쇠퇴기이며 정적인 시기로 보았으나, 에릭슨은 이 시기조차도 내적 갈등이 존재하고 발달 과업을 해결해야 할 시기로 보았다. 이 단계에는 인생을 정리하고 돌아보면서 별다른 후회 없이 수용하고 자신의 한계를 인정하고 의미를 찾을 때 통합감에 이르게 된다. 하지만 자신의 인생을 삶의 무의미로 받아들여 혐오하고 후회한다면 절망감에 빠지게 된다. 이 단계를 극복한 사람은 삶의 통찰과 지혜를 얻게 된다.

8. 마르샤의 정체감 형성 이론

마르샤James E. Marcia는 에릭슨E. H. Erikson의 이론에서 자아정체감에 대한 개념을 보완하여 정체감 지위에 관한 연구를 하였는데, 청소년기에 형성된 자아정체감은 변하지 않는 것이 아니라 성인기에도 변화될 수 있는 것으로 본 것이 그 핵심이다.

마르샤는 각 개인의 정체성 지위를 정체감 위기cris 경험 여부, 과업의 관여commitment에 따라 정체감 성취identity achievement, 정체감 유실identity foreclosur, 정체감 유예identity moratorium, 정체감 혼미identity diffusion 등 네 가지 유형으로 구분하였으며, 이를 표로 정리하면 다음과 같다.

	관여 있음	관여 없음
위기 있음	정체감 성취 identity achievement	정체감 유예 identity moratorium
위기 없음	정체감 유실 identity foreclosure	정체감 혼미 identity diffusion

1) 정체감 성취

이 단계는 자신의 삶의 목표와 가치, 직업, 인간관계 등에서 탐구와 고민을 하며 위기를 경험하고 정체감 위기를 극복한 상태이다. 이는 건강하고 변함없는 자아정체감을 확립한 것으로 볼 수 있다. 정체감을 성취한 사람은 심리적으로 건강하며, 대인 관계에서도 안정감을 보이며, 자아존중감도 높다.

2) 정체감 유실

자신에게 중요한 문제를 스스로 탐구하거나 심각하게 고민하지 않고 타인의 결정이나 가치를 수용하는 경우를 말한다. 부모에게 과의존하는 사람, 예컨대 마마보이의 경우 자신의 진로와 진학 결정에 있어 스스로 고민하여 위기를 극복한 경험 없이 부모의 관여만 있는 것이다.

3) 정체감 유예

자신의 정체감을 아직 형성하지 못했지만 이를 위해 많은 노력을 하고 있는 상태이다.

4) 정체감 혼미

자신의 정체감에 대한 어떠한 노력도 관심도 없는 상태이다. 다른 사람이 어떠한 일을 하는지, 자신이 왜 이 일을 하는지 관심이 없다. 정체감의 위기를 느끼지 않으며, 미성숙하고 자아 존중감이 낮다. 만약 이들을 그대로 방치한다면 자신의 정체감에 대하여 부정적으로 인식하는 상태에 빠져들 수 있기에 주변의 관심과 격려가 필요하다.

인간이라면 자아정체감을 성취하기 위해 열심히 달려간다. 정체감의 성취를 위해서는 자신의 연령 수준과 능력에 맞는 활동을 하는 것이 중요하다. 여러 인물의 사례를 보며 모델을 발견하고 다양한 활동과 체험을 하는 것도 정체감의 성취에 많은 도움이 될 것이다.

9. 설리반의 대인관계이론

1장
|
청소년
심리학

　설리반Harry Stack Sullivan은 정신의학의 대인관계이론으로 유명한 학자이다. 그는 인간은 발달 단계에 따라 대인 관계에 대한 욕구가 변화되며, 성격 또한 성장 과정 중에 변화할 수 있는 것으로 보았다. 성격의 경우, 유전적 특성보다는 발달 과정 중 후천적 경험을 바탕으로 발달이 이루어진다고 하였다. 하지만 성격 발달의 토대가 되는 것은 유아기에서 초기 청소년기까지라고 정의했다. 설리반은 대인 관계 욕구의 발달을 유아기부터 성인기까지 7단계로 구분하여 상호 작용의 욕구에 대해 설명하였다. 그의 이론에서 인간 성장의 사회적 측면을 강조하고, 인간의 발달은 대인 관계의 측면에서 가장 잘 이해할 수 있다고 하는 것을 봤을 때, 그가 얼마나 인간의 성장과 발달에서 대인 관계를 강조하였는지를 알 수 있다. 또한 그에 의하면 다른 사람들과 관계를 맺을 때, 사람들은 세 가지의 다른 수준으로 맺는다고 한다. 원형적 prototaxic, 병렬적 prataxic, 통합적 syntaxic 수준이 바로 그것이다. 그의 대인 관계 욕구 발달 단계를 살펴보면 다음과 같다.

단계	연령	대인 관계 경험
유아기	출생~18개월	부모의 돌봄에 완전히 의존적이다. 수유-모유, 젖을 먹는 것에 스트레스가 있다. 어머니와는 달리 개인적으로 자신을 만족시키는 것의 성공이 가끔씩 있다.
아동기	18개월~5, 6세	인간상을 형성한다. 악의가 드러나며, 세상은 자신의 뜻대로 이루어지지 않음을 알게 된다. 아직 부모에게 의존적이다.
소년기	5, 6세~11세	사회적 수용에 대한 욕구가 있다. 사회화 수준의 노출, 협동과 경쟁을 하고, 늘 함께하는 친구를 얻고자 한다. 통제하는 법을 배운다. 또한 여전히 부모에게 의존적이다.
청소년 전기	11세~13세	이때부터 부모로부터의 독립심이 일어나지만 혼란을 경험한다. 순수한 인간관계를 시작한다. 평등한 기회에 대한 욕구가 있다.
청소년 중기	12세~17세	강한 성욕을 느낀다. 이성에 대한 성욕과 또래에 대한 친근감이 일어나며, 이때 또래의 친근감에서의 혼란감이 동성애로 이어질 수 있다. 이때부터는 매우 독립적인 시기이다.
청소년 후기	17세~19세, 20대 초반	불안에 대한 강한 안전 욕구가 있다. 집단의 일원이 되며 완전히 독립적인 성향을 갖게 된다.
성인기	20세~30세	사회화가 완전히 이루어지며, 부모의 통제로부터 완전한 독립을 이룬다.

(Bischof, 1970)

1) 유아기

출생 후 아이가 의사소통의 능력을 획득할 때까지가 유아기 단계에 해당한다. 이 시기의 주요한 경험 양식은 원형적prototaxic이다. 원형적 경험은 조잡한 감각 단계의 사고를 가리키는 것으로 그리스어로 첫 번째 배열first arrangements을 의미한다. 이는 인생 초기의 경험으로, 생후 몇 개월간 나타난다. 이 시기가 끝날 무렵에는 세계를 구별하기 시작하며, 신체적 욕구와 관련한 긴장을 다루는 것을 배운다. 또한 유아는 어머니의 행동에 근거해 자신을 독립된 개체로 인식하기 시작한다. 이 시기에 가장 중요한 자아 역동성이 형성되기도 한다. 여기서 역동성dynamism이라 함은 대인 관계에 있어 개인이 지속적으로 반복하여 나타내는 신체적, 정신적 행동이다.

2) 아동기

아동기는 언어 능력의 발달이 시작되는 시기로 5세~6세까지 지속된다. 이 시기에는 병렬적인 경험 양식을 갖는다. '병렬적prataxic' 사고 양식은 논리적으로 관련이 없는 것들을 연결 지으려는 것이다. 논리적인 인과 관계의 규칙을 따르지 않으며, 이러한 병렬적 사고를 통해 자신과 자신이 아닌 것을 구별하기 시작한다. 자신의 행동에 대한 부모의 태도와 표현 방식을 인식하는데, 만약 아이의 행동에 대하여 부모가 인정하지 않는 것을 아이 스스로 인식하게 된다면 아이는 세계를 부정적이고 적대적으로 바라보기 시작한다. 이러한 부정적 태도는 아이가 다른 사람의 좋은 점은 보지 못하고 부정적인 부분만 지각하게 한다.

3) 소년기

소년기는 아동이 학교에 들어갈 때부터 시작해서 대략 5년간 지속된다. 이 시기에 주요한 대인 관계의 경험은 통합적syntaxic이다. 여기서 '통합적'이란 사물들을 조화로운 방식으로 연결되도록 배열하는 것을 뜻한다. 아동은 또래, 교사, 주변 성인 등과 관계를 맺으며, 이들로부터 평가를 받게 되고, 이러한 평가는 지속적으로 축적되어 자아 역동성에 통합된다. 이때 사회적 수용에 대한 욕구가 아동에게 영향을 준다. 아동은 보다 높은 사회화의 수준에 노출되며, 점차 타인과 협동적이며 경쟁적인 활동에 참여한다.

4) 청소년 전기

이 시기는 10세 또는 11세에서 13세까지를 말하며, 이 시기의 청소년은 동성 또래와 친근한 관계를 맺는 것에 강한 욕구를 갖는다. 설리반은 또래와의 친밀감이 인생에서 처음 나타나는 상호적 사랑이기에 매우 중요하다고 말했다. 청소년 전기가 일찍 시작될 수 있다고 지적한 것은 설리반 그가 동성애 관계를 일찍 시작했기 때문이다. 하지만 그는 동성과 건전한 관계를 이루었다면 성적 활동에는 전혀 지장이 없음을 지적하였다.

5) 청소년 중기

중기는 전기에서부터 대략 17세까지 지속되는데. 이 시기에는 성적 욕망이 나타나며, 성적 참여를 위한 강하고 압도적인 욕구가 나타난다. 동성 친구와 친밀감을 나누고자 하는 지속적이고 강한 욕구가 있다. 동성 친구에 대한 친밀감과 이성 친구에 대한 애정 욕구를 분리해야 하는데, 만약 분리가 제대로 이루어지지 않는다면 동성애의 경향성이 이성애를 넘어서게 될 수도 있다.

6) 청소년 후기

17세에서 20대 초반까지의 시기를 가리키는 것으로, 이 시기에는 친밀감과 애정 욕구가 통합하여 이성 한 사람에게 초점이 맞춰진다. 또한 자아 역동성이 전체적으로 발달하고 결정된다. 이 시기에 만약 모든 것이 잘 진행되고 사회화된 잘된 인간 발달이 이루어지면, 개인은 사회의 구성원으로서 책임감을 발휘할 준비를 갖추게 된 것이다.

7) 성인기

이 시기는 결혼을 통해 부모로서의 역할을 하는 시기로 20세에서 30세까지가 이에 해당한다. 이 시기의 경험 양식은 통합적이며 상징적이다. 이때부터 온전하게 사회화된 발달이 이루어지게 된다.

10. 스키너의 조작적 조건 형성

스키너^{B. F. Skinner}는 행동이 환경의 통제 아래에 있다고 주장한 행동주의 학자이다. 그는 사람이 세상에 작용하는 것이 아닌, 세상이 사람에게 작용한다고 주장하였다. 이러한 관점에서 스키너는 애초에 사람을 독특한 개체로 보는 '성격'이란 용어 자체를 필요 없는 것으로 간주했다. 왜냐하면 성격과 같은 내적 구조에 의한 행동의 이해는 과학이 아닌 허구를 이야기하려는 것이기 때문이다. 예컨대 '자아'라는, 우리가 현실을 지각할 수 있도록 하는 개념도 결국엔 눈에 보이지 않는 것이기에 비과학적인 것이다. 이러한 스키너의 관점과 그의 이론에 대하여 전남대학교 심리학과 노안영 교수는 '성격 없는 성격이론'이라고 명명하였다.

스키너는 인간의 행동을 '반응 행동^{respondent behavior}'과 '조작 행동^{operant behavior}' 두 가지로 구분하였다. 반응 행동이란

자극에 의해 반사적이고 자동적으로 나오는 반응을 의미한다. 예를 들어 무릎을 둔탁한 것으로 두들길 때 자동적으로 무릎이 펴지는 '무릎 반사' 또는 밝은 불빛이 눈에 들어오면 일어나는 '동공 수축' 같은 것이다. 이러한 무릎 반사와 같은 반사 행동은 학습에 의해 형성된 것은 아니지만, 조건을 통해 형성시키거나 변화될 수 있다. 가령 파블로프의 개 실험을 예로 들 수 있다. 개가 음식을 보고 침을 흘리는 행동(반응 행동)을 하였는데, 이를 중립 자극이었던 종소리와 연합시켰을 때, 종소리가 들리면 침을 흘리는 조건이 만들어져 행동이 변화될 수 있는 것이다.

조작 행동은 반응 행동과 다르게, 제시되는 자극 없이 방출되는 반응으로, 자발적으로 나타나는 반응이다. 조작적 조건 형성은 행동 이후에 나오는 특정 결과 때문에 행동을 조성하고 유지시키는 과정이다.

조작적 조건 형성에서 중요한 개념은 강화reinforcement와 처벌negative reinforcement이다.

과정 \ 결과	행동 증가	행동 감소
정적 positive	정적 강화물: 음식, 칭찬, 상, 쿠폰 등	정적 처벌물: 체벌, 꾸중, 야단치기 등
부적 negative	부적 강화물: 고통스럽고 싫은 것을 제거	부적 처벌물: 기쁨과 만족을 주는 것을 제거

강화는 '반응의 빈도를 증가시키는 것'을 말하며, 이러한 반응을 증가시킨 결과물을 강화물reinforcer이라 한다. 강화에는 정적 강화positive reinforcement와 부적 강화negative reinforcement가 있는데, 정적 강화는 정적 강화물에 의해 행동 빈도가 증가하는 것이며, 부적 강화는 혐오 자극(부적 강화물)을 제거하여 행동 빈도가 증가하는 것이다. 예를 들어 과제를 착실히 수행한 학생에게 어떠한 쿠폰을 줬을 때, 이후에도 과제를 착실하게 수행할 가능성이 높아진다면 이는 정적 강화에 의한 것이다.

처벌은 반대로 '반응의 빈도를 감소시키는 것'을 말하며, 이때 감소시키는 자극을 처벌물punisher이라 한다. 처벌에도 정적 처벌positive punishment과 부적 처벌negative punishment이 있다. 정적 처벌의 경우, 혐오 자극에 의해 반응의 빈도를 감소시키는 것이며, 부적 처벌은 긍정적 자극을 제거함으로써 반응의 빈도를 감소시키는 것이다. Nemeroff와 Karoly의 연구에 의하면 신체적·심리적으로 상처를 주는 정적 처벌(예: 체벌)은 부적절한 행동을 감소시키거나 제거되긴 하겠으나, 이는 일시적인 억압일 뿐, 장점보다 단점이 더 많다고 한다.

이러한 강화를 언제, 어떻게 줄 것인지에 대한 계획을 '강화 계획schedules of reinforcement'이라 부른다. 강화 계획은 계속 강화와 간헐적 또는 부분 강화로 나뉜다. 계속 강화는 반응마다 강화물을 계속 제공하는 것이다. 우리가 눈여겨볼 것은 간헐적 또는 부분 강화 계획이다. 간헐적 강화 계획은 시간과 비율을 바탕으로 '고정간격강화계획', '변동간격강화계획', '고정비율강화계획', '변동비율강화계획' 등 네 가지로 이루어져 있다.

1) 고정간격강화계획 fixed interval schedule

일정한 시간 간격마다 강화물이 주어지는 것이다. 예를 들어 직장인들의 월급이다.

2) 변동간격강화계획 variable interval schedule

일정한 시간 간격은 없으나, 마지막 강화 이후 얼마 동안의 시간이 지나고 나서 강화물이 주어지는 것이다. 고정간격강화계획보다는 높은 반응률을 보인다. 이 계획은 시간 간격을 알 수 없는 것이 특징이다.

3) 고정비율강화계획 fixed ratio reinforcement schedule

정해진 비율만큼 반응을 해야 강화물이 주어지는 것이다. 예를 들어 인형에 눈을 붙이는 부업을 할 때, 인형 10개당 보수를 준다고 한다면 이는 고정비율강화계획을 따른 것이다.

4) 변동비율강화계획 variable ratio reinforcement schedule

스키너는 높고 안정적인 반응 비율을 이끌어 내는 데 가장 효과적인 계획이 이 계획이라 하였다. 이 계획은 n번의 반응 행동을 통해 강화물이 불규칙적으로 주어지는 것이다. 카지노의 슬롯머신을 대표적인 예로 들 수 있겠다.

자극(대상, 상황)에 의한 행동이 특정 결과로 나타났을 때, 이러한 결과(처벌)는 우리가 다시 이 행동을 해야 할지 말아야 할지, 다른 상황에서는 해야 하는지를 구별할 수 있게 된다.

더불어 두 개 이상의 자극이 주어졌을 때 이들을 구별하는 것을 '자극 변별 stimulus discrimination'이라 한다. 여기서 더 나아가 유사한 자극으로부터 반응이 나타나는 것이 '자극 일반화 stimulus generalization'이다.

강화계획에 따라 빈도가 증가되었던 행동들도 강화물의 공급이 완전히 끊어진다면 행동의 빈도도 점차 감소할 것이다. 이렇게 조작적 조건 형성을 통해 형성된 행동이 감소되거나 나타나지 않는 것을 '소거extinction'라 한다. 때때로 우리는 타인의 바람직하지 않은 행동을 무시하면서 일종의 소거를 바라지만, 그의 행동에 강화가 여러 번 반복된다면 소거에 대한 저항이 일어나 결국 습관이 되어 버린다. 완전히 감소되었던 행동(소거되었던 행동)이 다시 발생할 기회가 주어진다면 다시 나타날 수 있으며, 이렇게 소거된 행동의 회복을 '자발적 회복spontaneous recovery'이라 한다. 자발적 회복의 행동은 과거에 소거되는 동안 나타났던 행동의 양보다 적다.

　우리는 삶에서 조작적 조건 형성을 통해 자신의 주변 환경(자극)과 강화물을 이용하여 좋은 행동의 빈도를 늘려 나가야 한다. 이렇게 좋은 행동을 지속적으로 한다면 언젠가 좋은 습관에서 좋은 성격으로 변화할 것이며, 이를 통해 성숙한 인간이 되어 행복한 삶을 누릴 것이다.

11. 반두라의 사회학습이론

반두라Albert Bandura는 전통적 학습이론을 확대하여 인간의 사회적 행동을 설명하려고 하였다. 즉, 그는 전통적 학습이론에서 경시하였던 감정이나 이미지 혹은 기대 등과 같이 실제로는 관찰할 수 없는 인지 과정을 인정하였고, 소위 강화 없이 관찰 학습observ-ational learning에서도 학습이 이루어진다고 주장하였다. 이는 강화에 따라 행동이 학습된다는 스키너의 조작적 조건 형성과도 차이점을 보인다.

그는 인간의 행동이 단순히 내적인 부분과 외부의 영향에 의한 조합만으로 나타나는 것이 아닌 '행동, 인지, 환경 요인' 등에 의해 나타나는 '세 요인 상호결정론triadic reciprocal determinism'에 기인한다는 입장을 취했다. 세 요인 상호결정론을 자세하게 살펴보면, 사람들은 단순한 환경에는 반응하지 않지만, 적극적으로 자신의 환경을 일으키고 변화시키기 위해서는 행동한다는 입장이다. 여기서 인지 요인은 어떤 환경·사건이 지각될 것인지, 그 사건은 어떻게 해석이 되고, 이루어지고, 다루어질 것인가를 결정한다.

이러한 세 요인 간의 상호 작용에 의해 우리가 행동하는 것이다. 그가 제안한 상호결정론 모델을 그림으로 살펴보면 다음과 같다.

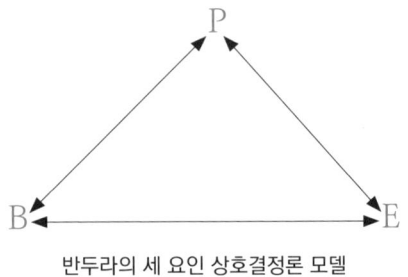

반두라의 세 요인 상호결정론 모델

출처: (Burger, 2000)

1) B^{behavior}: 행동, P^{person}: 사람, E^{environment}: 환경

행동주의적 학습이론, 예컨대 스키너는 조작적 조건 형성에서의 개념들—강화(정적, 부적), 처벌, 소거, 일반화 등을 통해 사람의 행동은 자극에 의한 반응이라고 이해하였다. 반두라는 이러한 행동주의 이론에 인지 요인을 더

하여 통합적인 개념을 제안한 것이다. 그는 인간의 행동은 고전적 조건 형성과 조작적 조건 형성 과정을 거치기보다는 대상(모델)이 하는 행동을 관찰하고 따라함으로써 학습한다는 것을 발견하였다.

이는 반두라의 대표적인 실험인 '보보 인형 실험'을 통해 알 수 있다. 아이들에게 보보라는 이름을 가진 인형을 주었고, 재밌게 놀게 하였다. 그리고 성인이 이 인형을 가지고 폭력적으로 대하는 모습을 관찰하게 하였다. 그 결과, 평화롭게 놀던 아이들은 관찰 이후에는 보보인형을 거칠게 대하는 태도로 바뀌었다. 이렇듯 모델(예: 사람, 영화, 인쇄물 등)의 행동을 관찰해 그 행동을 모방하는 것을 '모델링modeling'이라 한다.

관찰 학습은 단순한 모방을 통해서는 이루어지지 않는다. 관찰하는 과정에 관찰자의 적극적인 판단과 이해의 인지 과정이 있기 때문에 모델링이 일어나는 것이다. 반두라는 관찰학습의 조건과 순서로 '주의과정, 파지과정, 운동재현과정, 동기과정'의 4가지를 제시하였다.

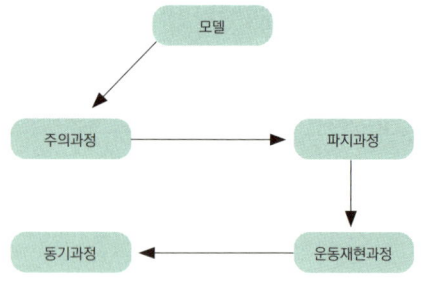

(1) 주의과정 attentional processes

주의과정에서 관찰자가 모델에 집중하거나 관심을 갖지 않으면 모델링은 일어나지 않는다. 또한 관찰자에게 단순히 모델을 노출하는 것만으로 그에게 모델링이 일어날 것이라 장담할 수 없다. 모델링이 일어나기 위해서는 모델의 행동을 세세하게 살펴보는 집중이 필요하다. 이 집중이 일어날 때에 행동을 모방할 가능성이 높아지는 것이다. 모델의 특성(나이, 성별, 지위, 유사성)에 따라 관찰자의 주의 가능성을 결정 짓는다. 예컨대 일반인보다는 유명 연예인들을 모방할 가능성이 높은 것이다.

(2) 파지과정 retention processes

파지과정은 모델의 행동을 회상하는 데 도움이 되는 관

찰자의 행위이다. 관찰자가 모델링을 하기 위해서는 모델의 행동을 기억하거나 유지해야 한다. 관찰했던 내용을 어떻게든 부호화하고 상징적으로 마음에 새겨야만 이후에 기억을 꺼낼 수 있기 때문이다. 기억은 상징과 이미지로 저장된다. 관찰한 모델의 행동을 쉽게 기억하도록 이미지화하는 것이며, 이를 '심상 체계'라 한다. 또한 관찰했던 내용을 언어로 부호화하기도 한다. 관찰자는 관찰한 행동을 이러한 심상과 언어 상징으로 저장하고 유지한다.

(3) 운동재현과정 motor reproductive processes

운동재현과정은 모방된 행동을 수행하는 데 필요한 기술이다. 관찰자는 파지과정에서 저장된 상징 표상을 이제 적절한 행동으로 전환해야 하는데, 이러한 전환 과정을 '재현과정'이라 한다. 모델의 행동을 면밀하게 관찰하였어도 이를 온전히 따라 하기에는 무리일 것이다. 하지만 관찰자는 반복적인 연습을 통해 서툴렀던 행동을 보다 완벽하게 수행할 수 있도록 발전해 나간다. 운동재현과정은 재현 과정dms 인지 조직화cognitive organization of response, 반응 시작initiation of response, 반응 조정monitoring of response, 반응 정교화refinement of response 등 네 가지 하부 단계로 구성된다.

(4) 동기과정 motivational processes

　동기과정은 모방된 행동을 통해 강화물을 받을 것이라는 기대이다. 반두라는 모방과 학습을 구별하여야 한다고 주장하였다. 모방은 모델이 하는 행동을 그대로 따라하는 것인 반면, 학습은 모델의 행동을 심상 및 언어로 저장하였지만 이를 행동으로 보여 주지는 않은 상태이다. 만약 관찰자에게 동기가 작동한다면 관찰에서 행동으로의 변화가 빠른 속도로 일어난다. 동기는 주의과정과 파지과정에 영향을 미치기 때문에 동기가 없을 때에는 모델링이 일어날 가능성이 떨어지는 것이다. 이를테면 모든 청소년들이 사회적으로 용납할 수 없는 행동을 관찰하였다 해서 비행 청소년으로 발전하는 것은 아닌 것과 같다. 관찰이 행동으로 나타나려면 동기나 계기가 있어야 한다. 비행 행동을 저질렀을 때 얻을 수 있는 결과가 긍정적이라면 하겠지만, 부정적인 결과가 더 크다고 판단될 때에는 그러한 행동을 하지 않을 것이다.

　지금까지 살펴본 사회학습이론에 의하면 청소년들은 성인들이 가르친 대로 행하기보다는 성인들이 행동한 대로 행동한다는 것이다. 따라서 반두라는 청소년기가 하나의 불연속적인 발달 단계가 아닌 매일의 삶 속에서 사회적 자극을 받은 결과로 나타나는 연속적인 과정이라고 주장했다.

인간은 발달하면서 가족, 사회, 또래들로부터 영향을 꾸준히 받게 된다. 자신이 특별하게 여기는 모델의 행동을 관찰하고 모방하고, 이들에게 어떠한 행동을 기대하느냐에 따라 성격이나 성향이 달라질 수 있다. 동기만 주어진다면, 주변 환경이 어떠하느냐에 따라, 어떠한 사람과 자주 붙어 있느냐에 따라 행동과 성격이 변화할 수 있는 것이다.

2장

청소년과 불안

1. 불안 장애의 이해

 살아가다 보면 어떤 상황에서나 대상으로부터 불쾌하고 고통스러운 감정의 불안이 엄습하기도 한다. 가령 많은 이들이 모인 자리에서 발표를 해야 하는 상황이라든가, 파충류 및 벌레와 같이 다소 징그러운 것들에서 비롯되는 두려움들도 있을 것이며, 높은 건물이나 놀이 기구에서 오는 떨림과 긴장감도 있다.

 부정적인 결과가 나타날 수 있는 위험하고 위협적인 상황에서 경험하게 되는 정서가 바로 '불안'이다. 불안을 느끼게 될 때에는 좋지 않은 결과가 나오지 않도록 몸과 마음이 긴장하게 되고, 조심스럽게 행동하게 된다. 시간이 지나고, 이내 위협적인 상황에서 벗어나게 되면 안도감과 함께 다리에 힘이 풀리게 된다. 위험하고 위협적인 상황에서 불안을 느끼는 것은 지극히 자연스럽고 정상적인 것이다.

여러분은 불안이 우리에게 매우 유익한 감정 신호라는 것에 대해 어떻게 생각하는가. 불안은 우리를 안전하게 보호하는 심리적 메커니즘이다. 만약 위협적인 상황에서 불안의 신호가 오지 않는다면 사고를 당할 가능성이 매우 높을 것이다. 의도적으로 흔들리게 하는 다리가 아닌, 무너질 징후를 보이며 흔들리는 다리 위에서 긴장 신호가 오지 않는다면, 어떠한 대처도 없이 그대로 사고를 당할 것이다. 이렇듯 불안은 우리에게 경계 태세를 취하도록 하는 유익한 신호이다. 불안을 느낄 때에 우리의 몸은 교감 반응이 활성화되는데, 가빠른 호흡, 혈압 상승, 동공 확대, 긴장된 근육과 땀 분비 등이 일어난다. 실제적으로 위험한 상황에서 불안을 느끼게 되는 것을 '정상적인 불안normal anxiety'이라 한다. 만약 불안이라는 경계경보 신호가 울려야 하지 않을 때 울린다거나, 자주 울린다거나, 지나치게 민감하게 작동한다면 우리의 몸은 과도한 긴장감에서 비롯된 혼란을 느낄 것이다. 이를 '병적인 불안pathological anxiety'라 한다. 이러한 병적인 불안과 과도한 심리적 고통으로 현실 적응에 심각한 어려움을 겪게 되는 경우를 '불안 장애Anxiety Disorders'라 한다.

APA(미국정신의학회)에서 발간한 『DSM-5-TR』에서는 불안 장애를 병적인 불안이 나타나는 양상 그리고 불안

> 2장
> |
> 청소년과
> 불안

을 느끼는 대상과 상황에 따라 하위 유형인 '범불안 장애, 특정 공포증, 광장 공포증, 사회 불안 장애, 공황 장애, 분리 불안 장애, 선택적 함구증'으로 구분하였다.

2. 범불안 장애

우리 부모님이 아프지 않을까, 시험 성적이, 등급이 떨어지지 않을까, 주변에 있는 친구들이 날 싫어하진 않을까, 버스를 놓치진 않을까, 오늘 새로 산 옷이 더러워지진 않을까, 인터넷 배송으로 시킨 제품이 망가지진 않을까 등등 우리는 일상생활 전반적인 영역에서 크고 작은 다양한 걱정을 한다. 하지만 스스로 이러한 걱정들이 불필요하고 과도한 것을 알고 있음에도 한 번 시작된 불안은 꼬리에 꼬리를 물고 멈출 수가 없는 경우가 있다. 과도한 걱정으로 인해 불안을 지속적으로 느껴 긴장 상태에 놓여 있는 상태가 만성화된 것을 '범불안 장애 Generalized Anxiety Disorder'라 한다.

범불안 장애는 '일반화된 불안 장애'라 부르기도 한다. 이 장애를 가진 사람은 불안이 일반화되었기에 매사에 잔걱정이 많고, 늘 불안하고 초조하며 사소한 것에도 소스라치게 놀라며 긴장한다. 늘 과민하고 긴장 상태에 놓여 있으니 쉽게 지치고 짜증과 화를 잘 낸다. 두통, 근육통, 만성적 피로감, 소화 불량, 수면 장애 등의 증상을 동반하기도 한다. 불필요한 걱정에 사로잡혀 있기에 빨리 결단하여 진행시킬 일에도 우유부단하고 꾸물거리며 지연시켜 일이 처리되지 못하기도 하다. 범불안 장애를 가진 이들이 다른 불안 장애를 가진 이들에 비해 치료를 받는 비율이 현저히 적은데, 그 이유는 다른 불안 장애에 비해 증상이 모호하고 고통의 정도가 상대적으로 미약하기 때문이다.

범불안 장애의 진단 기준은 다음과 같다.

> 1) 여러 사건이나 활동(작업 또는 학교 성적)에 대한 과도한 불안이나 걱정(염려스러운 기대)이 최소 6개월 이상 지속되고, 최소한 한 번에 며칠 이상 발생한다.
>
> 2) 걱정을 조절하는 것이 어렵게 느껴진다.
>
> 3) 불안과 걱정이 다음 6가지 증상들 가운데 3가지 또는 그 이상의 증상을 동반한다. 이러한 증상들은 적어도 며칠 이상 지속되고, 지난 6개월 이내에 존재해야 한다. (주의: 아동의 경우, 오직 한 가지 증상만이 요구된다)
>   (1) 안절부절못함 또는 긴장이 고조되거나 가장자리에 서 있는 것처럼 신경이 곤두선 느낌.

(2) 쉽게 피로해짐.

(3) 집중이 어렵고 또는 정신이 멍해지는 느낌.

(4) 화를 잘 냄(과민함).

(5) 근육의 긴장.

(6) 잠에 들거나 잠을 유지하기 어려움, 원기 회복이 되지 않고 초조하고 불만족스러운 수면.

4) 불안과 걱정의 초점이 다른 장애의 특징에 국한되지 않아야 한다. 즉, 불안이 공황 발작을 일으키는 것(공황 장애), 대중 앞에서 당황하는 것(사회 불안 장애), 오염되는 것(강박 장애), 집이나 가까운 가족으로부터 멀리 떨어지는 것(분리 불안 장애), 체중이 늘어나는 것(신경성 식욕 부진증), 여러 신체적인 증상에 대한 것(신체화 장애), 또는 자신이 심각한 질병이 있다는 것(건강 염려증)에 국한되지 않고, 불안과 걱정이 외상 후 스트레스 장애의 경과 중에만 발생하지 않는다.

5) 장애는 물질(예: 약물 남용, 투약)이나 일반적인 의학적 질환(예: 부신 피질 호르몬 과다증, 갑상선 기능 항진증)의 생리적 효과로 인한 것이 아니다.

6) 불안, 걱정, 또는 신체 증상이 임상적으로 심각한 고통이나 사회적, 직업적, 또는 기타 중요한 기능 영역에서 장해를 초래한다.

(APA, 2022)

2021년 보건복지부의 정신건강실태조사에 따르면 범불안 장애의 평생 유병률은 약 1.7%이며, 남자가 1.2%, 여자가 2.1%로 나타났다. 1년 유병률은 0.4%이며, 남자와 여자 모두 0.4%로 나타났다.

1) 범불안 장애의 원인

범불안 장애의 원인은 생물학적 요인, 학습 요인, 인지적 요인, 정신분석적 요인으로 살펴볼 수 있다. 특히 범불안 장애는 다른 불안 장애와 함께 발생하는 경우가 많기에 범불안 장애 자체가 유전되었다기보다는 일반적인 불안의 특질이 유전되었다고 볼 수 있다. 신경 전달 물질 GABA(Gamma Amino Butyric Acid) 계통의 기능 이상도 불안 장애의 중요한 역할을 하는데, 범불안 장애 또한 이와 관련 있다.

2) 학습 요인

범불안 장애의 학습 요인은 불안 장애를 환경 자극에 대한 조건이 형성된 학습의 결과로 보는 것이다. 다시 말해, 주변 환경 자극에 대한 고전적 조건 형성을 통해 불안 반응이 잘못 학습된 것으로 보는데, 일상생활에서 여러 가지 사소한 자극들에 대한 경미한 불안 반응이 조건으로 형성되었거나 다양한 자극에 일반화되어 여러 상황의 불안 증상이 만연화된 것이다. 특정 대상에 대해서만 심각한 공포 반응을 일으키는 공포증을 범불안 장애에 대입하여 보면 마치 다양한 상황에서 경미한 공포 반응이 연출되는 다중 공포증으로 이해하면 좋을 것이다. 이들이 불안의 이유를 자각하지 못하는 것은 불안 반응을 일으키는 조건 자극이 매우 다양하고 사소하기 때문이다.

3) 인지적 요인

인지적 요인은 범불안 장애를 가진 이들이 일상생활 속에 존재하는 잠재적 위험을 예민하게 생각하고, 이것이 실제 위험한 사건으로 일어날 확률을 과도하게 평가하는 독특한 사고 체계를 지녔기 때문이다. 위험한 사건이 일어날 확률은 높이 보지만 막상 이 일이 일어날 경우, 자신이 처리할 수 있는 가능성은 매우 낮게 평가하기에 미래를 매우 두렵게 보는 것이다. 따라서 일반적인 사람들의 입장에서는 일어나지 않을 일에 대해 각별히 더 조심하고 주의하는 것이다.

4) 정신분석적 요인

정신분석적 요인은 성격 구조 간의 역동적 불균형 즉, 자아^{Ego}와 원초아가 충돌하여 생긴 무의식적 갈등을 불안 장애로 보고 있다. 이는 무의식적으로 억압된 원초아의 충동이 강해져서 자아가 원초아를 통제하기 어려운 상태에서 흔히 나타날 수 있는 심리적 현상이다. 다른 말로는 신경증적 불안이라 할 수 있다. 원초아(욕구)는 대부분 성적인 성질을 띠기에 외부로 나오고 싶어 하지만, 사회적으로 용납되지 않기에 자아(현실)가 이를 거부하고 억압한다. 그래서 개인은 무의식적으로 불안한 것이다. 자아가 계속 원초아의 충동적인 욕구가 외부로 표출되지 않게 하기 위해 억압함에도 불구하고 이를 통제하지 못했을 때 신경증적 불안neurotic anxiety이 나타나고, 나아가 자아가 초자아(도덕성)에게 처벌을 예견할 때에 도덕적 불안moral anxiety이 나타난다. 더불어 자아가 외부 세계의 위험으로부터 항상 불안을 느끼는 것을 현실 불안reality anxiety이라 한다.

5) 치료 방법

치료 방법 중에서는 인지 행동 치료가 효과적이며, 자신이 어떠한 상황에서 어떤 걱정을 하는지를 지각하고, 그 걱정들이 얼마나 현실성이 있고 자신에게 어떠한 영향을 미치는지를 상담자와 논의하는 것이 좋다. 또한, 걱정하는 시간을 정해 놓으며, 정해진 시간만큼만 하고, 다른 시간에는 걱정을 하지 않는 것이다. 이러한 심리 치료가 제대로 되지 않을 경우, 약물 치료와 함께 병행하는 것이 좋다.

3. 특정 공포증

 공포는 인간에게 흔한 감정이고, 강렬한 공포조차 어느 정도의 빈도수로 발생하기 마련이다. 다들 하나씩 무서워하는 물체나 동물, 상황, 특정한 대상들이 있지 않은가. 나의 경우 가장 싫어하는 소리가 있는데, 스테인리스 그릇에 젓가락이나 숟가락이 긁히는 소리를 들으면 불쾌감과 혐오감을 느낀다. 누군가는 개에게 물린 경험이 있어 개를 몹시 무서워한다거나, 또 다른 누군가는 높은 곳에 있는 것을 무서워하여 건물의 높은 층을 올라가지 못하거나, 혹은 엘리베이터와 같이 밀폐된 공간에서 오는 두려움도 있을 것이다. 이렇듯 특정한 것으로부터 실제 위험한 정도에 비해 과도한 공포와 불안을 느끼는 것을 '특정 공포증'이라 한다.

미국정신의학회(APA: American Psychiatric Association)에서 발간한 『DSM-5-TR』에서의 진단 기준은 다음과 같다.

> 1) 특정 대상이나 상황에 대해 극심한 공포나 불안을 느끼며, 대상에 따라 분류가 다르다.
>   (1) 동물형(예: 개, 뱀, 곤충, 거미 등)
>   (2) 자연환경형(예: 자연재해, 물속, 높은 곳)
>   (3) 혈액-주사-상해(예: 의학 시술, 주사 바늘)
>   (4) 상황형(예: 비행기, 엘리베이터, 터널)
>   (5) 기타형(예: 질식할 수 있는 상황, 시끄러운 소리)
>
> 2) 특정 대상과 상황은 즉각적인 공포와 불안을 유발한다.
>
> 3) 공포 대상이나 상황을 적극적으로 피하거나 아주 극심한 공포나 불안을 느끼면서 이를 참아 낸다.

공포, 불안, 회피 반응이 6개월 이상 지속되었으며, 사회적, 직업적 중요한 영역에서 현저한 고통과 손상이 생겼다면 특정 공포증으로 진단된다. 특정 공포증은 평소에는 특별한 증상이 나타나지 않아 진단이 잘 되지 않지만 시간이 지날수록 만성화되어 일상생활을 방해하게 된다.

1) 특정 공포증의 원인

특정 공포증의 원인은 행동 이론가인 모러^{Mowrer}의 2요인 모형으로 설명 가능하다. 이에 따르면 첫째, 음식(무조건 자극)을 보면 먹고 싶은 배고픈 반응(무조건 반응)과 같이, 본래의 혐오 자극과 연합된 중성 자극을 두려워하는 것을 학습하는 것이다. 개는 사실 두려운 존재가 아니기에 우리에게 어떠한 불편감도 주지 않는 중성 자극이다. 하지만 어느 날 개(중성 자극)의 큰 소리(무조건 자극)에 놀랬으면(무조건 반응) 개와 큰 소리가 연합되어 버리고, 그제야 비로소 개가 조건 자극이 되는 것이다.

두 번째 단계는 조작적 조건 형성인데, 조건 자극인 개를 회피하여 조건 형성된 공포감을 감소시키는 행위를 반복하다 보면 이 조건이 강화되어 결국 개만 보면 피하게 되는 것이다.

하지만 모든 조건 자극에 공포감이 형성되는 것은 아니다. 어떠한 것은 이런 조건 형성을 거치지 않고 곧바로 공포감이 형성되는데, 가령 뱀과 같이 사람의 목숨에 위협을 줄 만한 대상들이다. 이는 진화심리학적으로 인간이 생존하기 위해 생명에 위협을 줄 만한 대상에 쉽게 공포감을 느끼도록 생물학적인 기질을 습득했기 때문이다. 이러한 관점에 따라 뱀과 같이 위협적인 것은 다른 위협적이지 않은 작은 강아지들보다 쉽게 공포감을 학습하게 되며, 이에 따라 한 번 공포감이 학습됐다면 쉽게 사라지지 않는다.

한편 특정 공포증은 조건 형성에 의해서뿐 아니라 대리 학습과 정보 전이에 의해 형성될 수 있다는 이야기도 있다. 다른 사람이 특정 대상을 두려워하며 회피하는 것을 관찰함으로써 그 두려움을 학습하는 관찰 학습도 그 종류 중 하나라고 할 수 있다. 예를 들어 뉴스에 산책하던 사람이 대형견이나, 사냥견에게 물려 죽었다는 소식을 접했다면, 이 뉴스에 의해 공포감을 갖게 되어 이후 길을 걷다가 대형견이나 핏불 같은 사냥견을 만나게 되면 지레 겁먹게 되는 것이다.

2) 치료 방법

치료는 인지 행동 치료와 약물 치료가 효과적이다. 인지 행동 치료에는 약한 단계에서 최고 단계에 이르기까지 단계적으로 견딜 수 있는 공포 상황이 제시되면서 이를 견디고 극복할 수 있도록 격려하는 체계적 둔감법이 가장 효과적으로 알려져 있다. 이외에도 노출법과 이완 치료가 있다.

4. 광장 공포증

 사람이 많고 넓은 쇼핑센터나 백화점에 가는 게 매우 두렵거나, 버스 안, 많은 인파 가운데 갑자기 머리가 어지럽고, 속이 울렁거리고, 자신을 통제하지 못할 이상한 행동을 할 것만 같은 극심한 불안감에 빠지는 것을 광장 공포증이라 한다. 넓은 공간에 대한 공포라는 뜻을 내포하기에 '임소 공포증'이라고도 불린다.

 광장 공포증Agoraphobia은, 위와 같이 특정한 장소나 상황에 대한 공포를 나타내는 것이다.

 미국정신의학회APA: American Psychiatric Association에서 발간한 『DSM-5-TR』에 따르면 광장 공포증의 진단 기준은 다음과 같다.

1) 다음의 다섯 가지 상황 중 적어도 두 가지 이상의 상황에 대한 현저한 공포와 불안을 나타낸다.

(1) 자동차, 버스, 기차 등의 대중교통을 이용하는 것에서 공포와 불안을 나타낸다.
(2) 주차장, 시장, 다리와 같은 개방된 공간에 있을 때 공포와 불안을 나타낸다.
(3) 상점, 극장, 영화관과 같은 밀폐된 장소에서 공포와 불안을 나타낸다.
(4) 군중 속에 있을 때 공포와 불안을 나타낸다.
(5) 집 밖에 혼자 있을 때 공포와 불안을 나타낸다.

2) 공황과 유사한 증상, 무력감을 느끼게 하는 당황스러운 다른 증상(예: 노인의 낙상에 대한 공포)이 발생할 경우 그 상황을 벗어나거나 도움을 받기 어려울 수 있다는 생각 때문에 해당 상황을 두려워하거나 회피한다.

3) 광장 공포 상황은 거의 공포나 불안을 유발한다.

4) 공포, 불안, 회피 행동은 지속적이며, 일반적으로 6개월 또는 그 이상 지속된다.

광장 공포증은 특정 공포증의 상황형과 유사하지만 구체적인 부분이 다르다. 광장 공포증을 진단받으려면 두 가지 이상의 상황에서 공포를 느껴야 하지만, 특정 공포증은 '특정한' 상황에만 공포가 유발되는 것이다. 예컨대, 광장 공포증을 지닌 사람은 공황과 유사한 증상인, 자신이 통제

불가능한 당혹스러운 증상들이 나타날 것을 염려하고 두려워하지만, 특정 공포증 중 가령 비행 공포증의 경우에는 비행기의 추락 사고를 두려워하는 것이다. 이외에도 사회적 상황에만 국한하여 공포감을 느끼는 사회 공포증과도 구별된다. 또한 광장 공포증은 갑작스러운 강렬한 불안이 엄습하여 공황 발작이 일어나는 경우도 흔하다. 공황 발작이 일어나게 되면 어지러움, 흉부 통증, 질식 위기, 미칠 것 같음 등의 신체적, 심리적 증상을 수반한다.

1) 정신분석적 입장

대상관계이론가들에 따르면 광장 공포증을 마치 어린아이가 어머니와 떨어질 때 느끼는 분리 불안과 관련한 것이라고 한다. 사람이 많고 넓은 장소에 혼자 있는 상황에서 부모로부터 버림받은 상황 즉, 어린 시절의 분리 불안이 재현된 것 같은 느낌을 받는다고 한다. 실제 광장 공포증 환자의 약 42%가 어린 시절 주 양육자에 대한 분리 불안을 지녔다는 연구 결과가 있다.

2) 인지적 입장

인지 행동으로는 공포에 대한 공포 이론(fear of fear theory)이 있으며, 광장 공포증을 유발하는 두 가지 심리적 요인이 제시된다.

그 첫째 요인은 공포에 대한 공포인데, 이는 공포의 결과로 유발되는 당혹감과 혼란감, 통제 상실, 졸도, 심장 발작, 정신 이상에 대한 두려움과 염려를 뜻한다. 이들이 두려워하는 상황이 실제로는 위험하지 않다는 것을 인지하면서도 경험하게 될 공포에 대한 공포감을 느끼는 것이다.

둘째 요인은 불안을 유발한 선행 사건을 잘못 해석하는 경향성이다. 예를 들어, 대인 관계의 갈등으로 어떤 이와 심하게 다투고 난 후 넓은 길거리에 혼자 서 있을 때 불안을 경험한 사람이, 자신의 불안이 대인 관계의 갈등 때문이 아니라 넓은 길거리라는 상황 때문이라고 잘못 생각하여 넓은 길거리를 두려워하게 되는 것이다.

3) 치료 방법

광장 공포증은 인지 행동 치료를 통하여 가장 효과적으로 치료되는 것으로 알려져 있다. 신체 감각에 대한 민감성을 둔화시키고 회피 행동을 완화하는 행동 치료적 요소와 더불어 공포감을 더욱 증가시키는 잘못된 인지 과정을 수정하는 인지 치료적 요소로 구성된다. 이외에도 복식 호흡법, 긴장 이완법을 통해 불안에 대처할 수 있도록 하며 불안을 느끼는 상황에 점진적으로 노출시켜 현저하게 완화하도록 한다. 광장 공포증은 약물 치료와 인지 행동 치료를 함께 시행할 때 가장 큰 치료 효과가 나타나는 것으로 보고되기도 하였다.

5. 사회 불안 장애

 많은 사람들 앞에서 발표할 순간이 다가오면, '말은 잘 나올까', '혹여나 나의 자연스럽지 못하고 당황한 모습을 사람들이 보면 어떡하나' 등의 생각을 하며 자신의 모습이 바보같이 보일 것 같은 생각에 불안을 느끼는 사람들이 있다. 이들은 어떤 모임에 나가서 자신을 소개해야 할 때에도 심한 불안을 느낀다. 자기소개를 해야 하는데, 다른 사람들이 모두 자신만을 쳐다보아서 얼굴이 붉어지고 손발이 떨릴 뿐만 아니라 정신이 멍해지고 어떤 말을 해야 할지 몰라 횡설수설하게 된다. 이러한 경험들로 인해 여러 사람이 모인 자리에 나가는 것에서 심한 불안을 느껴 가능하다면 그러한 자리에 나가는 것을 기피한다. 또한 발표가 필요한 수업을 수강할 자신이 없다. 여러 사람이 자신을 주시하고 평가할 수 있는 상황에서 심한 불안감을 느껴 인간관계가 위축되고 사회생활에 어려움을 겪는 것을 '사회 불안 장애 social phobia'라 한다. 이 환자들에게는 우울증 또한 흔하게 나타나는데 사회 불안 장애 환자의 1/3 정도가 우울증을 가지는 것으로 추측된다. 이들 사이에서는 알코올 남용 같은 물질 남용 문제도 흔하게 나타나고 있다.

미국정신의학회 APA: American Psychiatric Association 에서 발간한 『DSM-5-TR』에 의하면 사회 불안 장애의 진단 기준은 다음과 같다.

> 1) 타인에게 관찰될 수 있는 하나 이상의 사회적 상황에 대한 공포 또는 불안을 갖는다. 예를 들어 낯선 사람과 만나거나 다른 사람과 대화하는 일 같은 사회적 교류 상황, 다른 사람 앞에서 음식을 먹고 음료를 마시는 일, 다른 사람들 앞에서 연설하는 것이다. (아동의 불안은 또래 환경에서 일어나야 한다.)
>
> 2) 이러한 사회적 상황에서 다른 사람들로부터 부정적인 평가를 받을 수 있는 행동을 하거나 불안한 증상이 나타나게 될 것을 두려워한다. 다른 사람들로부터 모욕과 경멸, 거부를 당하거나 타인에게 피해를 주게 될 것을 두려워하는 것이다.
>
> 3) 이러한 경우로, 사회적 불안과 이를 회피하려는 행동이 6개월 이상 지속된다.

이로 인해 일상에서 심한 고통을 경험하거나 사회적, 직업적 활동에 현저한 방해가 초래된다면 사회 불안 장애로 진단된다.

사회 불안 장애는 수줍고 내성적인 아동기를 보낸 10대 중반의 청소년에게서 주로 시작되며 만성적 경과를 거쳐 점차 심해지는 경향이 있다.

한국과 일본에서는 '대인 공포', '대인 기피'라는 독특한 사회 불안 장애가 나타나는 것으로 보고되고 있는데, 사회 불안 장애 내의 대인 공포는 자신이 다른 사람을 불편하게 만드는 것을 두려워하는 특징을 갖고 있다. 예컨대, 자신의 외모 특성, 몸 냄새, 강렬한 눈빛, 표정, 말투 등으로 다른 사람을 불편하게 만들어 그들이 자신을 피하거나 다른 곳을 쳐다본다고 왜곡된 신념을 갖는 것이다. 이러한 두려움이 망상 수준의 강렬한 믿음으로 발전하는 경우도 잇다.

1) 사회 불안 장애의 원인

이들의 경우, 쉽게 수줍어하고, 사회적 불편감을 느끼어 위축되거나 불편한 상황을 회피하려 하고 낯선 사람에 대한 두려움과 같은 기질적 특징을 지니는 경향이 있다.

사회 불안 장애를 지닌 사람의 친척 중에는 유사한 증상이 나타나는 사람들이 많았다는 연구 결과도 있다. 또한 편도체amygdala라 불리는 뇌의 한 영역에서 공포의 반응을 관여하고 있는데, 이 편도체가 과민한 사람은 과도한 공포 반응을 가질 수 있다고 보고 있다.

2) 정신분석적 입장

정신분석적 입장을 보면 무의식적인 갈등이 사회적 상황에서 투사 방어기제로 사용된 것으로 보고 있다. 자신의 공격적 충동을 타인에게 투사하고, 타인이 자신에게 비관적인 태도일 것이라고 느낌으로써 다른 사람 앞에 나서는 것을 두려워하게 되는 것이다. 또한 정신분석 입장 중에 대상관계이론이 있는데, 이 이론에 따르면 생의 초기에 주양육자인 어머니와의 관계가 사회 불안 장애에 영향을 미친다고 한다. 예컨대 어머니와의 불안정하고 거부적인 관계가 부적절한 자기상과 비판적인 타인상을 형성하여 성인이 된 이후에도 대인 관계에서 과도한 불안을 경험하여 사회 불안 장애로 발전한다고 보는 것이다.

3) 인지적 입장

인지적 입장에서는 사회 불안 장애를 지닌 이들의 인지적 특성을 보고 있다.

첫째, 사회 불안 장애를 가진 사람들은 자신이 다른 사람에게 호감을 주지 못하는 사람이라는 뿌리 깊은 믿음을 지니고 있다.

둘째, 좋은 인상을 다른 사람에게 보여 주어야 한다는 동기가 있다. 이렇게 다른 사람의 평가를 중요하게 여기고 이들에게 호감과 인정을 받기 위해 완벽한 모습을 보여 주려는 동시에 부정적 평가를 받는 것을 재난으로 여기는 경향이 있다.

셋째, 다른 사람들은 비관적이고 비판적이기에 자신이 사소한 실수라도 하면 이를 용납하기보다는 자신을 싫어하고, 멀리할 것이라고 믿는다.

넷째, 사회적 상황에서 자신의 행동을 부정적으로 평가하는 경향이 있다. 이러한 사람들은 사회적 상황에서 반복적으로 불안과 좌절감을 경험하게 되며, 결국 사회적 상황을 회피하는 것이 최선이라는 회피적 대처 방식을 선택하게 된다. 최근 한 연구에 따르면 사회 불안이 높은 사람들은 다른 사람들로부터 긍정적 평가를 받는 것 또한 두려워한다고 한다. 자신의 긍정적인 능력이 외부에 드러나거나 다른 사람들로부터 주목받는 것과 평가를 받는 것을 불편해하는 경향이 지니고 있다는 것이다. 자신의 능력이 다른 사람들에게 긍정적인 평가를 받고 그 사실이 알려졌을 때, 커진 기대감만큼 자신이 그 기대에 부응하여야 하기 때문에 만약 기대에 부응하지 못한다면 이후에 좋지 않은 결과로 이어질 것을 매우 걱정하는 것이다. 그렇기에 현재의 긍정적인 사건은 부정적인 것으로 바라본다.

4) 치료 방법

사회 불안 장애의 치료 중 인지 행동적 집단 치료가 가장 효과적인 것으로 알려져 있다. 사회적 상황에서 갖게 될 부정적인 생각과 신념을 바꾸기 위한 노력들을 집단 구성원들과 함께 연습하는 것이다. 역할 연습과 불안을 낮추는 긴장 이완 훈련 등으로 치료를 하게 된다.

"당신이 생각하는 것만큼 사람들은 당신에게 관심이 있지 않다."

어느 누구도 당신이 사람들 앞에서 말할 때에 부자연스럽다 하여, 형편없다고 손가락질하지 않는다. 생각보다 사람들은 당신에 대해 관심이 없다. 그리고 사람의 기억은 의외로 단순하며, 그 상황을 잊는 속도도 빠르다. 만약 당신이 사람들 앞에서 제대로 말을 못했을지라도, 그러한 모습은 오랫동안 남지 않으며, 영원히 지워지지 않는 기억이 아님을 기억하였으면 좋겠다.

6. 공황 장애

공황 장애Panic Disorder는 갑자기 엄습하는 강렬한 불안, 공황 발작이 반복적으로 나타나는 장애를 말한다. 공황 발작panic attack이란 예상치 못한 상황에서 갑자기 훅 밀려드는 극심한 공포 그리고 이러다 죽지 않을까 하는 강렬한 불안감이다.

미국정신의학회APA: American Psychiatric Association에서 발간한 『DSM-5-TR』에 의한 진단 기준은 다음과 같다.

> 1) 예기치 못한 공황 발작이 반복된 경우, 극심한 공포나 갑자기 치솟은 불편감이 몇 분 이내에 최고조에 달하고, 이 기간 동안 다음의 증상 중 4가지 또는 그 이상의 증상이 발생한다.
>   (1) 심장 박동이 빨라지고 강렬하거나 심장 박동 수가 점점 더 빨라짐.
>   (2) 발한.

(3) 몸이나 손발이 떨리거나 후들거림.
(4) 숨이 가쁘거나 막히는 느낌.
(5) 질식할 것 같은 느낌.
(6) 가슴의 통증이나 답답함.
(7) 구토감이나 복부 통증.
(8) 어지럽고 몽롱하며 기절할 것 같은 느낌.
(9) 한기를 느끼거나 열감을 느낌.
(10) 마비가 오는 듯한, 찌릿찌릿한 감각 이상증.
(11) 현실이 아닌 것 같은 '비현실감'과 자기 자신과 동떨어진 느낌의 '이인감'.
(12) 자기 통제를 잃거나 미칠 것 같은 두려움.
(13) 죽을 것 같은 공포.

  이러한 증상들은 갑작스럽게 나타나 10분 이내에 그 증상이 최고조에 달하여 극심한 공포를 야기한다.

  공황 발작이 무서운 이유는 예고 없이 찾아오기 때문이다. 그렇기 때문에 공황 장애를 가지고 있는 사람은 공황 발작이 또 찾아오지 않을까 하는 염려 즉, 예기 불안 anticipatory anxiety을 늘 지니는데, 이로 인해 잘 다니고 있던 직장을 그만둔다든지, 집을 병원 근처로 이사한다든지 등 전반적인 라이프 스타일이 공황 장애에 맞춰 바뀌어 버린다.

발작이 일어났던 장소는 아예 얼씬도 하지 않게 되며, 곁에 누군가 있지 않으면 외출을 회피하는 것처럼 광장 공포증이 함께 동반되어 나타나기도 한다. 공황 장애는 만성화되는 경향이 있으며, 만성화될 경우, 우울증을 경험하게 되고 자살의 가능성이 높아진다.

1) 공황 장애의 원인

그 원인은 무엇일까? 공황 장애는 극심한 불안 증상과 더불어 다양한 신체적 증상들이 나타나기에 생물학적 원인이 깊이 연관된 것으로 보인다. 과잉호흡이론hyperventilation theory에 따르면, 공황 장애 환자들은 호흡 기능과 관련한 자율 신경계의 결함으로 인해 혈액 속의 이산화탄소 수준을 낮게 유지해야 하는데, 그 결과 깊은 호흡을 빨리하는 경향이 있다. 이러한 과호흡이 공황 발작을 유발하는 데에 영향을 미치는 것이다.

2) 정신분석적 입장

정신분석적 입장에서는 공황 발작이 스트레스가 많은

시기에 나타난다는 점에서 그 원인에 대해 크게 3가지의 견해를 제시하고 있다.

첫째, 공황 발작은 불안을 야기하는 충동에 대한 방어 기제가 작용하지 못했기에 나타나는 것이다.

둘째, 공황 발작의 증상은 어린아이가 어머니와 떨어질 때 느끼는 불안감 즉, 분리 불안과 관련된 것이다. 공황 장애가 혼자 외부의 넓은 환경에 있을 때 공포감을 느끼는 광장 공포증과 동반하기에 분리 불안을 재현한 것이라는 설명이다.

셋째, 공황 발작이 무의식적인 상실의 경험과 관련한 것이라고 한다. 한 연구에서 공황 장애 환자의 과거를 살펴보니 가족이나 친구를 상실한 후에 공황 발작을 경험했으며, 17세 이전에 부모를 상실한 경우 공황 장애가 생길 가능성이 상대적으로 높다는 것을 확인하였다.

3) 인지적 입장

인지적 입장으로는 Clark의 인지이론이 공황 장애를 가장 설득력 있게 설명하였다. 그에 따르면 공황 장애를 가진 이들이 자신들에게 갑작스럽게 일어나는 신체 감각을 뇌가 위험한 것으로 잘못 해석하여 '파국적 오해석catastrophic misinterpretation'에 의하여 유발되는 것이라고 한다. 쉽게 말해 이들에게 평소 나타나는 불규칙한 심장 박동이라거나 흉부 통증을 심장 마비의 전조 증상으로 해석하고, 호흡 곤란은 질식 가능성으로, 현기증과 몸 떨림의 증상을 자신이 통제 불가능한 미친 상태라고 파국적인 해석을 하는 것이다. 예컨대 당신이 광장 공포증이 유발되는 특정 장소에 갔다고 해 보자. 그곳에 가니 무언가 불쾌한 기분이나 생각들, 심장의 두근거림이 느껴진다. 이때 느껴지는 현상을 위협적인 자극으로 지각하여 발생하는 걱정과 염려는 더 다양한 신체 감각으로 발전한다. 심장이 강렬하게 두근거리기 시작하여서 "이러다 심장 마비 오는 건 아니야?" 하며 더 염려하고 불안하게 되고 이에 따라 심장은 더 강렬하게 뛰기 시작한다. 이러한 악순환은 결국 극심한 공황 발작에 이르게 한다. 하지만 위의 설명이 모든 것을 설명할 순 없다. 너무 반복된 공황 발작은 우리가 인지할 틈도 없이 자동적으로 이루어지는 경우가 있는데, 수면 중에 나타나는 공황 발작이 그러한 예이다.

4) 치료 방법

공황 장애는 약물 치료와 심리 치료가 있으며, 삼환계 항우울제와 세로토닌 재흡수 억제제 등이 사용된다. 심리 치료로는 인지 행동 치료가 매우 효과적인 것으로 보고 있으며, 복식 호흡 훈련, 긴장 이완 훈련, 신체적 감각에 따른 파국적 오해석하지 않기를 위한 인지적 수정 그리고 광장 공포증과 관련한 공포 상황에서의 점진적 노출 등의 치료적 요소가 주로 행해지고 있다.

7. 분리 불안 장애

 지나치게 위축되어 있고, 두려움에 빠져 다양한 신체적 증상을 호소하며 학교 가기를 싫어하는 아이들이 있다. 이런 아이들은 자신을 싫어하는 사람들이 가족을 해치고 자신을 위협하는 악몽으로 인해 숙면을 잘 취하기 어렵다. 또한 어머니가 옆에 있지 않으면 잠을 자지 않으려 하고 매일 어머니 옆에 있어야 편하게 잠을 청한다. 갑자기 머리가 아프다 하고, 배가 아프다 하여 병원에 검진을 받으러 갔으나 이상이 없다. 결석을 자주하여 성적은 떨어져 가고, 친구 집에 놀러 가기를 싫어하며 집에 있기를 좋아한다. 어머니에게 몇 시에 데리러 올 건지, 어디에 있는지 전화를 자주 한다. 아이의 이러한 행동은 분리 불안 장애로 인한 것이다.

분리 불안 장애Seperation Anxiety Disorder는 부모와 같은 중요한 애착 대상과 떨어지는 것을 과도하게 불안해하고, 공포감을 느끼는 정서적 장애이다. 애착 대상과 떨어지면 불안이 나타난다는 점에서 다른 하위 불안 장애들과 구별되며, 진단 기준은 다음과 같다.

1) 다음의 증상 중 3개 이상이 나타나야 한다.
   (1) 주요 애착 대상이나 집을 떠나야 할 때마다 심한 불안과 고통을 느낀다.
   (2) 주요 애착 대상을 잃거나 그들에게 질병, 부상, 재난 혹은 사망과 같은 해로운 일이 일어나지 않을까 지속적이고 과도하게 걱정한다.
   (3) 애착 대상과 분리될 수 있는 사건들(예: 길을 잃음, 납치당함, 죽음)에 대해 지속적이고 과도하게 걱정한다.
   (4) 분리에 대한 불안 때문에 밖을 나가거나, 집을 떠나거나, 학교나 직장 등에 가는 것을 지속적으로 꺼리거나 거부한다.
   (5) 혼자 있게 되거나 주요 애착 대상 없이 집이나 다른 장소에 있는 것에 대해 지속적으로 과도한 공포를 느끼거나 꺼린다.
   (6) 집을 떠나 잠을 자거나 주요 애착 대상이 근처에 없이 잠을 자는 것을 지속적으로 꺼리거나 거부한다.
   (7) 분리의 주제를 포함하는 반복적인 악몽을 꾼다.
   (8) 주요 애착 대상으로부터 분리되거나, 분리가 예상이 될 때, 반복적인 증상(예, 두통, 메스꺼움, 구토 등)을 호소한다.

2) 공포, 불안, 회피의 반응을 아동·청소년의 경우에는 최소 4주 이상을 나타나야 하며, 성인의 경우에는 6개월 이상 지속되어야 한다.

분리 불안 장애를 지닌 아동은 부모, 특히 어머니가 옆에 있어야 안심을 하고 헤어졌을 때에는 어머니 또는 자신에게 안 좋은 일이 생겨 서로 영영 보지 못하게 될 것을 매우 염려하며 불안해한다. 이러한 연유로 부모님에게 자주 전화를 걸어 부모님의 안전을 확인한다. 혼자 집에 있기를 무서워하고, 부모님이 옆에 있어야 안심하며, 잠을 자는 중에 부모님과 자신에게 사고가 나는 등의 분리를 주제로 한 꿈을 많이 꾸기도 한다. 학령기 아동의 경우, 분리 불안으로 인해 복통, 두통, 설사 등을 이유로 학교 가기를 거부한다. 이는 분리에 대한 강한 두려움과 불안 그리고 등교 거부를 함으로써 집에 남아 어머니로부터 보살핌을 받게 되기 때문이다.

아동은 1년 유병률이 4%, 청소년은 1.6%이다. 발병은 주로 학령기 이전, 5세~7세에 주로 발생하고 18세 이전에도 발생 가능성이 있기도 하지만 청소년기 이후에는 흔하지 않다. 성인에게도 나타나는데, 미국의 경우 1년 유병률이 0.9~1.9%이다. 자녀 또는 배우자, 애인 등의 애착 대상에 대한 과도한 걱정이 앞서서 분리되는 것을 두려워하거나, 떨어져 있는 것에 과도한 심적 고통을 느낀다. 또한 생활상에서 새로운 변화가 일어나거나 새로운 환경을 몹시 두려워한다.

1) 분리 불안 장애의 원인

분리 불안 장애의 원인은 유전적 기질, 부모의 양육 행동, 아동의 인지 행동적 요인들이 복합적으로 작용한 것이다.

첫째, BIS(행동억제체계)의 민감성과 관련이 있다. 이는 영국의 심리학자 그레이Gray Jeffrey Alan의 강화 민감성 이론reinforcement sensitivity에서 제안된 요소이다. 그에 따르면 사람이 하는 행동의 이면에는 두 가지 체계에 움직이는데, 행동 활성화 체계behavioral activation system, BAS와 행동 억제 체계behavioral inhibition system, BIS가 그것이다. 이 두 가지 체계에 따라 성격의 특성을 갖는데, 행동 활성화 체계BAS는 사람을 자동차로 비유했을 때, 가속 페달과 같은 것이다. 가령 배고프면 밥을 먹기 위해 움직이고, 위험한 상황이 생길 때는 회피하도록 하는 것처럼 특정한 것을 감지하고 이를 적극적으로 추구하도록 한다. 행동 활성화 체계가 가속 페달의 역할이라면 행동 억제 체계BIS는 반대로 브레이크 페달의 역할을 한다. 행동 억제 체계는 처벌과 같은 위험 단서에 반응하여 움직임을 억제한다. 또한 처벌 및 위협과 같은 불안과 관련한 것에 반응하여 불안을 느끼게 하고 현재 하고 있는 행동을 멈추고 다른 위협이나 위협이 될 만한 단서들을 찾기 위해 환경을 조사하도록 유도하는 동기 체계이다. 이 두 체계의 민감성은 정서 양식의 차이를 만들고, 정서 양식의 차이는 기질, 성격에서 더 나아가 정신 병리에 대한 취약성과 밀접한 관련을 갖게 된다. BAS 민감성이 높은 사람은 자신이 바라던 것을 성취한다는 기대감과 더불어 삶의 만족도, 자기 효능감, 주관적 행복 등의 긍정적 정서를 더 경험하게 되고, BIS 민감성이 높은 사람은 처벌과 위협, 불안을 유발하는 단서에 민감한 반응을 하여 활동을 억제하기에 의욕 상실, 무력감, 자기에 대한 부정적 견해를 가지며 우울과 불안의 부정적 정서를 더 경험하게 된다.

둘째, 부모의 부적절한 양육 태도로 인한 것이다. 부모는 자녀의 안전을 위해 보호를 해야 하지만, 과도한 과잉보호는 오히려 자녀의 독립성을 약화시키고 의존성을 키워 분리 불안 장애를 만든다.

셋째, 불안정한 가정 환경은 분리 불안의 증상을 악화시킨다. 영국의 의료 사회학자 '조지 브라운 George W. Brown'과 킹스칼리지런던의 명예 연구원 '해리스 티릴 Harris Tirril' 그리고 영국 미들섹스 대학교 심리학과 교수 '안토니아 비풀코 Antonia Bifulco'에 따르면 아동기 때 부모님의 별거, 이혼, 죽음과 같이 '부모 상실'로 인해 예기치 못한 분리가 일어나면,

특히 여자 아동은 성인기에 우울증이 나타날 수 있다. 어렸을 적 부모를 잃어 분리된 것이 성인기에 초래할 우울증의 과정은 다음의 그림과 같다.

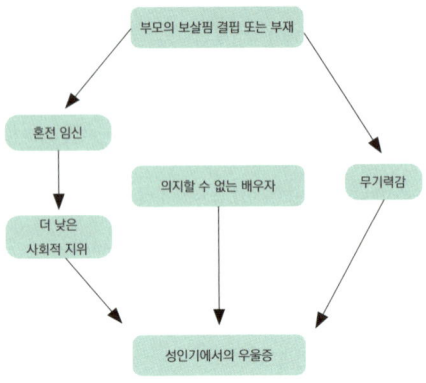

또한 이들은 「아동기 및 성인 정신 장애에서 부모 상실: 적절한 부모 보살핌 부족의 역할」의 논문을 통해 우울증의 발병률을 높이는 원인으로 부모의 강압적인 태도보다는 방치, '보살핌의 결핍'을 주장하였다. 특히 아버지보다는 어머니의 부재가 그러한 보살핌의 결핍이 강하게 나타난다고 하였다.

부모의 상실을 겪은 모든 이들이 성인기에 우울증이 나타나는 것은 아니다. 하지만 지난날 양육자의 부재와 상실의 경험은 개인에게 큰 스트레스를 안겨 주며, 이후 인생을 살아가며 학업 부진, 가출, 혼전 임신과 같은 적응 실패의 경험, 그리고 무력감과 대처 능력의 상실의 부적응적인 심리적 상태로 빠질 수 있고, 이는 곧 우울증을 낳게 된다. 결국 근원에는 부모 상실이 있다.

2) 치료 방법

분리 불안은 대부분 시간이 지남에 따라 불안의 반응도 점차 해소되어 가기에 가만히 지켜보는 것이 좋다. 만약 자녀가 불안하다고 떼를 쓸 때에 혹여 훈육을 하겠다 하여 다그친다면 오히려 자존감을 떨어뜨릴 수 있기에 인내심을 갖고 사랑으로 대해야 한다. 전문가를 통해 상담을 받으며 자녀의 불안을 인정해 주고, 많은 대화를 통해 자녀가 갖고 있는 '부모와의 이별'의 생각이 실제 발생하지 않는다는 것을 설명하고 안심시켜야 한다. 또한 자녀와의 어떠한 약속이든 잘 지켜 준다면 자녀의 불안은 현저히 줄어들 것이다. 만약 이를 겪는 청소년 또는 대학생을 포함한 성인이라면 떨어져 있는 시간을 조금씩 늘려 나가 보는 것이다. 잘 견뎌 낼 때마다 자신에게 칭찬과 보상을 해 보는 것이다. 이때, 보상은 과하지 않아야 한다. 만약 증상이 심각할 경우 약물치료를 받는 것이 좋겠다.

8. 선택적 함구증

"안녕하세요. 자녀가 말을 못하는 것은 아닌데 무엇을 물어도 무표정으로 대답을 하지 않고 입을 열지 않아 너무 답답합니다."

평소 말을 아예 안하고 침묵 상태로 있는 이들이 있다. 사람을 무시해서도 아니며, 말을 할 줄 몰라서도 아니다. 입을 떼어 말을 시작하지 못하고, 친구들이나 선생님이 말을 걸어도 대답하지 못하며, 눈을 마주치는 것을 피한다. 내성적이고 소극적이며 혼자만의 생각에 멍하니 빠질 때가 많다. 입은 꾹 닫혀 입술 주위 근육에 힘이 들어가 있다. 이러한 모습이 '선택적 함구증'이다.

선택적 함구증 Selective Mutism은 말을 할 수 있음에도 불구하고 특정한 상황에서 지속적으로 말을 하지 않는 장애이며,

선택적 무언증 또는 '자발성 침묵$^{voluntary\ silence}$'으로도 불렸다. 이는 청소년과 성인보다는 아동들에서 더 잘 나타난다.

미국정신의학회$^{APA:\ American\ Psychiatric\ Association}$에서 발간한 『DSM-5-TR』에서의 진단 기준은 다음과 같다.

> 1) 다른 상황(예: 집)에서는 말을 함에도 불구하고 학원, 학교, 직장과 같은 특정 사회적 상황에서는 지속적으로 말을 하는 것을 실패한다.
>
> 2) 장해가 학습 성취 또는 직업상 성취, 사회적 의사소통을 방해한다.
>
> 3) 최소 1개월 이상 지속된다(학교 등교 시작 이래 첫 1개월에만 국한되지 않는 경우).
>
> 4) 말을 못하는 이유가 사회적 상황에서 필요한 말에 대한 지식이 부족하거나, 언어가 익숙하지 않은 것으로 인한 것이 아니다.
>
> 5) 장해가 의사소통 장애(예, 아동기 발병 유창성 장애)로 더 잘 설명되지 않고, 자폐스펙트럼 장애, 조현병 또는 다른 정신병적 장애의 경과 동안에만 유일하게 발생하지 않는다.

이들은 과도한 수줍음을 보이고, 당황할 만한 상황이 나타날 것에 대한 두려움, 사회적 고립과 금단, 집착, 강박적 특질, 사소한 반항 행동 등을 보인다.

선택적 함구증은 상당히 드문 장애이다. 유병률은 0.03~1.9%이며, 인종 또는 민족에 따라 차이나는 것이 아닌, 개인에 따라 달라진다. 또한 낯선 비모국어로 대화를 해야 하는 이민 가정의 아이들에게서 가장 높은 발병 확률이 나타났다. 이때 이민 가정 아이들의 진단에 있어 주의해야 할 점은 새로운 환경에서 낯선 언어를 획득하기 위한 전형적인 과정에서는 '침묵 기간'이 일어나는데, 침묵하고 있다 하여 반드시 선택적 함구증으로 볼 수 없다는 점이다. 이 경우, 새로운 언어를 이해하고 있음에도 오랜 기간 동안 모국어와 외국어 두 가지를 말하는 것에 지속적인 거부가 있다면 선택적 함구증으로 진단이 가능하다.

1) 선택적 함구증의 원인

원인에 관하여 기질적으로는 명확히 알려진 바는 없지만, 불안 증상 및 부모의 양육 태도와 관련된다고 보고 있다.

주로 사회적 상황에서 오는 심한 불안으로 인하여 선택적 함구증이 나타난다고 한다. 선천적으로 불안에 민감한 기질을 갖고 태어나 심한 수줍음을 보이는 것이며, 불안의 원인이 애착 대상(예: 부모)과의 분리 불안이므로 무언증을 나타낸다고 보는 견해도 있다. 정신분석이론에서는 구강기(출생~21개월) 때 지나친 억압으로 인해 의존성과 더불어 애착 대상에게서 버림받을 것에 대한 공포심과 관련이 있다는 것이다. 이 외에도 언어 발달의 중요한 시기에 부모로부터 신체적 학대를 받아 얼굴 특히 입 주변에 외상을 받은 것이 장애 유발의 가능성을 높인다는 견해도 있다.

의사소통 장애로 인하여 선택적 함구증이라는 결과를 맞이한 것이 아님에도, 종종 관련 의사소통 장애가 있을 수 있다. 선택적 함구증을 지닌 이들에게서 사회 불안 장애가 함께 발견된 것으로 보고되고 있는데, 이러한 이유로 선택적 함구증을 불안 장애의 하위 유형으로 보고 있다. 불안감을 보이는 것에서 사회 불안 장애를 추가적으로 진단받는 것이 가장 흔하고 그다음으로는 분리 불안 장애와 특정 공포증도 흔하게 동반된다. 과거에는 의사소통 문제 상황에서 논의되었으나, 의사소통 문제라기보다는 불안으로 인한 정서 및 행동 장애로 보는 것이 맞다.

2) 치료 방법

이들에 대한 치료법에서 행동 치료 Behavioral therapy가 가장 효과적인 것으로 알려져 있다. 자기모델링self-modeling은 자신의 모습을 보며 행동을 습득하거나 인지하는 것을 의미하는데, 이러한 자기모델링 치료는 네 단계로 이루어진다.

첫 번째 단계에서 학교 내에서 교사가 질문을 했을 때 아동이 함구하고 있는 상태를 영상으로 남긴다.

둘째, 학교 내에서 교사가 했던 질문을 그대로 부모가 아이에게 하면, 아이는 이내 대답을 할 것인데 이를 영상으로 남긴다.

셋째, 부모의 질문에 대답한 영상을 교사와 함께 있던 영상을 서로 연결 지어 편집한다.

넷째, 아동에게 완성된 영상을 반복적으로 시청하도록 한다. 영상에서 교사의 모습에 대답할 때마다 긍정적인 강화물을 제공하며 아동은 점차 입을 떼어 말을 하게 될 것이다.

다른 사람이 말을 거는 것에 있어 불안을 느껴 함구하고 있는 것이라면 둔감법desensitization을 이용하는 것도 좋다. 둔감법은 불안한 상황, 대상에 조금씩 노출시켜 점차 적응하도록 하여 불안을 낮추는 것이다.

세로토닌 재흡수 억제제와 항우울제 등의 약물 치료가 불안을 완화시키는 것에 도움이 되기에, 심리 치료와 약물 치료를 병행하는 것이 좋다.

3장
청소년과 우울

1. 우울 장애의 이해

슬프고, 공허하고, 과민한 기분이 든다면 우울감을 느끼고 있다고 할 수 있다.

우울은 인간이라면 누구나 느낄 수 있는 감정이다. 축 처진 기분은 눈 뜨고 봐도 활력이라고는 전혀 찾을 수 없다. 캠브리지대학교 정신의학과 교수 에드워드 볼모어 Edward Thomas Bullmore는 우울증을 '염증에 걸린 마음inflamed mind'으로 정의하였다. 우울 장애는 삶을 매우 힘겹게 만드는 정신 장애이면서도 '심리적 독감'이라 불릴 정도로 매우 흔한 장애이다. 하지만 이 장애는 능력과 의욕을 저하시키기에 현실을 살아가는 것이 매우 힘겹다. 우울 장애를 진단받은 사람들은 학교, 직장 등의 현장에서 과업을 제대로 완수하지 못해 일상생활을 유지하는 것에서조차 어려움을 느낀다. 우울 장애는 조기에 진단하여 치료하면 좋겠지만, 장애를 파악하더라도 자녀의 문제를 부인하려는 부모들이 많은 데다가 우울 장애 청소년이 기관에 의뢰하는 가능성은 매우 적다. 이러한 우울 장애의 심각성은 죽음에 이를 수 있다는 것이다.

『DSM-5-TR』에 따르면 우울 장애는 증상의 정도와 지속 기간 등에 따라 다양하게 나뉘며, 하위 유형으로 주요 우울 장애, 지속성 우울 장애, 월경 전 불쾌감 장애, 파괴적 기분 조절 부전 장애 등이 있다.

2. 주요 우울 장애

우울 장애의 하위 유형 중 가장 심한 증세를 나타내는 우울 장애이다. 우울한 기분이 주된 증상으로, 일상생활에서 즐거움을 느끼지 못하고 흥미가 없다. 미국정신의학회에서 발간한 『DSM-5-TR』에서는 주요 우울 장애를 다음과 같이 진단하고 있다.

> 1) 다음의 증상 중 5가지 이상의 증상이 2주 동안 지속되며 이전 기능과 비교하여 변화를 보인다. 증상 가운데 적어도 우울 기분이거나 흥미나 즐거움의 상실이 나타난다.
>   (1) 하루 중 대부분, 거의 매일 지속되는 우울한 기분을 슬픔이나 공허함을 느끼거나 타인에게도 관찰되며, 아동과 청소년의 경우는 과민한 기분으로 나타나기도 한다.
>   (2) 거의 모든 일상, 하루 중 대부분 지속되는 모든 일상 활동에 대한 흥미나 즐거움이 뚜렷하게 감소하였다.

> (3) 체중 조절을 하고 있지 않은 상태에서 의미 있는 체중의 감소나 체중의 증가가 나타나며 식욕이 감소하거나 증가한다.
> (4) 불면 또는 과다 수면이 거의 매일 나타난다.
> (5) 다른 사람에게서도 관찰이 가능한 정신 운동, 초조나 지연이 거의 매일 나타난다.
> (6) 피로감과 활력의 상실이 거의 매일 나타난다.
> (7) 무가치감 또는 과도하거나 부적절한 죄책감을 거의 매일 느낀다.
> (8) 사고력과 집중력의 감소, 우유부단함이 거의 매일 나타난다.
> (9) 죽음에 대하여 반복적으로 생각한다. 구체적이거나 계획 없는 반복된 자살 사고, 구체적인 자살 계획, 자살 시도를 한다.

조증(비정상적인 고양된 감정)이나 경조증(경미한 조증), 삽화의 과거력 없이 위와 같은 증상들로 인해 사회적, 직업적 또는 다른 중요한 영역에서 현저한 고통이나 손상이 있다면 주요 우울 장애로 진단된다. '삽화'란 정상 범위를 넘어선 증상이 특정 기간 동안 확연하게 나타난 것을 의미한다.

주요 우울 장애의 특징으로는 우울한 기분이 주된 증상이긴 하나, 다양한 심리적 문제가 동반된다. 고통스러운 정서 상태, 이를테면 우울감, 슬픔, 좌절감, 죄책감, 고독감, 무가치감, 허무감 등이 지속된다. 우울감이 휩싸이면

눈물을 흘리며 울며, 심각할 경우에는 무표정하고 무감각한 정서 상태를 나타낸다. 우울 장애를 겪는 청소년의 경우에는 분노감, 짜증스러운 감정이 주로 나타난다. 우울감에 사로잡히면 부정적이고 비관적인 생각이 머릿속을 가득 채우는데, 이로 인해 자신을 무능하고 열등한 존재로 인식하게 된다. 자기 비하를 일삼고 타인을 비롯한 외부 세상을 적대적이며 냉혹한 것으로 여긴다. 또한 미래가 절망적으로 보인다. 불면 증상이 있어 수면 유도제를 처방받기도 하며, 반대로 과도한 수면을 취하기도 한다. 밤낮이 바뀌는 수면 교란이 일어난다. 인지 능력이 손상되었다거나 쉽게 산만해지고 기억 장애를 호소하기도 한다. 하지만 치료가 성공적으로 이루어지면 기억력과 관련한 문제들은 충분히 완화된다.

1) 원인
(1) 정신분석적 입장

프로이트는 우울 장애를 분노가 무의식적으로 자기에게 향하는 현상이라고 보았다. 사랑한 대상을 무의식적으로 상실한 것에 대한 반응이 우울 장애로 나타났다는 것이다. 사랑하는 대상의 상실이 실제 일어난 일일 수도 있고, 상상 속에서 일어나거나, 상징적으로 일어난 것일 수도 있다. 사랑하는 대상의 상실 경험은 마치 신체의 일부가 상실되어 버린 슬픔과 자신을 떠나간 것에 대한 분노를 느끼는 것이다. 이러한 분노를 향할 대상은 이미 없기에 분노의 감정은 도덕적 억압을 통해 무의식 속에 잠복하고 있다가 결국 자신에게 향하게 된 것이다. 이렇게 자신을 향한 억압된 분노감은 자기 비난과 자기 책망의 형태로 나타나며, 이는 자기가치감의 손상과 자아 기능을 약화시켜 우울 장애로 발전하게 된다.

이후에도 학자들은 정신분석적 입장에서 우울 장애를 설명하려는 시도를 했었다. 스트리커 Stricker George는 「우울증 환자의 정신 역동적 치료의 몇 가지 문제」라는 연구를 통해 정신분석적 입장으로 우울 장애를 설명하고 있다. 그에 따르면 어린 시절 부모를 실제 혹은 상상 속에서 상실하여 무력감을 느꼈던 외상 경험 traumatic experience이 우울 장애를 유발하는 원인이다. 어린 시절의 상실 경험 이후, 시간이 지나 이혼이나 사별을 통해 배우자를 상실하는 경험을 하게 되면 어린 시절의 경험이 다시 떠올라 그 시절로

퇴행한다는 것이다. 퇴행의 결과로 또다시 무기력감과 절망에 사로잡혀 우울 장애로 발전하게 된다는 것이 그의 주장이다. 국내에서도 이를 입증하려는 시도가 있었다. 중앙대학교 의대 신경정신과 이길홍 교수 외 연구진들은 정신병원에 입원한 주요 우울증 환자 292명, 정신 분열증 324명, 양극성 장애 환자 109명을 대상으로 부모 상실, 양친의 사망 등의 상관 변인을 비교 분석한 결과, 단순한 부모 상실과 주요 우울증 발병은 밀접한 연관이 없었으나 6세에서 18세 사이인 사춘기 전후에 모친 상실 또는 19세 이후의 양친 상실이 주요 우울증 발병과 밀접한 연관이 있었다는 것을 밝혀냈다.

(2) 행동주의적 입장

행동주의적 입장은 스키너의 조작적 조건 형성 이론에 기초하여 설명이 가능하다. 조작적 조건 형성의 원리는 선행을 하였을 때, 주변의 칭찬을 받았다면 선행을 계속 베풀게 되는 것을 대표적인 예로 들 수 있다. 이러한 긍정적 강화는 행동의 빈도를 증가시키는데, 우울 장애는 기본적으로 긍정적 강화의 공급이 상실되었기 때문에 즐거운 경험이 없고 불쾌한 경험이 많은 것이다. 개인에게 다른 이로부터 강화를 얻을 수 있는 사회적 기술(대인 관계)이 부족하거나 불쾌한 상황이 일어났을 때 이를 대처할 기술이 없다면, 긍정적 강화(예: 칭찬, 관심)의 결핍이 지속되어 우울 증상이 나타나는 것이다. 우울 장애를 알려 주변으로부터 관심과 위로를 받는 데서 잠시 동안 나아질 수 있지만, 관심을 받기 위한 수단으로 우울 증상을 지속시키는 역효과를 나타낼 수 있으며, 주변인들도 지속된 우울감을 나타내는 이에게서는 멀어지길 원하면서 우울 장애가 악화되는 결과를 낳게 된다.

우울증의 귀인이론attributional theory of depression에 의하면 사람은 자신이 통제할 수 없는 상황에 놓였을 때 두 가지 반응(내적-외적)을 하게 된다. 귀인은 쉽게 말해 '결과의 원인을 ~으로 돌린다'라는 것이다. 내적 귀인은 원인을 자신에게서 찾는 것이다. 반면 외적 귀인으로 외부 상황에서 원인을 파악한다는 것이다. 특히 우울 장애에 취약한 이들은 문제가 발생할 때 주로 내적 귀인을 한다. 이를테면 애인과 헤어졌을 때, "내가 조금만 더 잘해 줬다면, 내가 돈이 많았다면, 내가…." 이러한 생각들은 자존감에 손상을 주어 우울감을 높인다. 자신에 대한 부정적 평가, 자기 책망이 자존감의 상처를 주어 우울 장애로 발전하는 것이다. 성격은 쉽게 변화하지 않는 특성을 갖고 있다. 이러한 점에서 내적 귀인을 할 때, 문제의 원인을 자신의 성격으로 본다면 부정적 결과가 오랜 기간 지속될 것이라는 생각에 장기간 무력감에 빠져들 수 있다.

내적-외적의 방향 외에도 '전반적-특수적' 방향으로의 귀인이 있다. 여기서 전반적 요인은 예를 들어 자신의 전반적인 능력 부족과 성격의 전체를 문제 삼는 것 등이 있다. 이러한 전반적-특수적 귀인은 일반화의 오류를 범하기 쉬운데, 예를 들어 수학 과목에서 성적이 좋지 못하였을 때 자신의 전반적인 지적 능력의 부족으로 결론을 내려 버리면, 다른 과목들에 대해서도 의기소침해질 것이다. 이렇게 전반적 귀인을 하게 되면 무기력함과 우울감을 여러 상황에서 경험하게 될 것이다.

(3) 인지적 입장

현재, 우울 장애에 대해 가장 잘 설명하는 이론은 미국의 임상심리학자이자 인지 행동 치료의 아버지로 불리는 아론 벡Aaron T. Beck이 제시한 인지이론이다. 그의 인지이론을 살펴보면 우울 장애는 일차적으로 부정적이고 비관적인 생각에 기인한다. 그는 자각할 수 있긴 하지만 손쉽게 자각할 수는 없을 만큼 순간적으로 스쳐 지나가는 듯이, 마치 의식하지 않고 자동적으로 흘러가는 사고 과정을 '자동적 사고 automatic thoughts'라 하였다. 우울한 이들의 부정적인 자동적 사고를 살펴보면 '자기 자신, 자신의 미래, 주변 환경'으로 나누어지며, 이러한 세 가지 주제로 일어나는 독특한 사고 패턴을 '인지 삼제 cognitive triad'라 한다.

이를 살펴보면 첫째, 자기 자신에 대해 "나는 별로다, 무능하다, 무가치하다." 등의 부정적 생각을 갖는다. 둘째, 자신의 미래에 대한 부정적 생각을 갖는다. 이를테면 "나의 미래는 암울하다."와 같은 생각이다. 마지막으로 주변 환경에 대한 부정적 생각을 한다. 예를 들어 "나를 이해해 줄 사람 아무도 없다. 다들 너무 무심하다." 등의 부정적 생각을 통해 다른 사람과 적극적인 관계를 맺으려 하지 않고 사회적 고립감에 빠진다.

벡은 우울한 사람들이 인지 삼제의 부정적 사고를 하는 것은 '인지적 오류 cognitive error'로 인한 것이라 하였다. 인지적 오류는 사고 과정에 따라 매우 다양하며 다음과 같다.

유형	특징
흑백 논리적 사고	이분법적 사고로 '대박 아니면 쪽박', '적군 아니면 아군'과 같이 둘 중의 하나로만 해석하며, 중간은 해석하려 하지 않는다.
과잉 일반화	한두 번의 적은 사건에 근거하여 일반적인 결론을 내리고 이를 무관한 상황에까지 결론을 적용시키는 것이다. 과잉 일반화의 대표적인 예로는 시험 준비를 했지만, 원하는 성적을 이루지 못했을 때, "나는 뭘 해도 안 되겠다."라는 반응이 있다. 이러한 생각은 자신의 노력과 외부적 상황에 상관없이 지나친 일반화이다.
잘못된 명명	과잉 일반화의 극단적 형태이다. 오류와 불완전함을 근거로 부적절한 명칭을 사용하여 기술하는 오류이다. 어떠한 것을 실수하였을 때, "나 진짜 돌대가리인가 봐." 또는 상대방의 실수에 대하여 '정신 이상자'라 부르는 것이다. 잘못된 명명은 부른 명칭에 맞게 개인의 행동을 유도하는 결과로 이어질 수 있으며, 반두라는 이와 같은 경향성을 '자성 예언 self-fulfilling prophecy'이라 하였다.
정신적 여과	'선택적 추상화 selective abstraction'로 부르기도 하며, 어떠한 상황에서 일어난 여러 일들 가운데 일부만 뽑아내어 전체를 판단하는 것이다. 프로젝트에 참여하게 되면 이에 대한 평가에서 좋은 부분과 아쉬운 부분을 모두 듣게 될 것이다. 그때에 아쉬웠던 부분만을 부정적으로 받아들여 "저 사람은 내 작품이 마음에 들지 않나 보네."라고 받아들이는 것처럼 주된 내용은 듣지 않은 채 특정 일부의 정보를 부각하여 전체를 해석하는 것이다.
개인화	개인화는 자신과 무관한 일을 자신과 관련된 것으로 받아들이는 오류이다. 멀리서부터 걸어오는 친구에게 손을 들어 인사를 했는데, 그 친구가 다른 방향으로 길을 꺾어 가 버렸다. 이에 대해 "나를 싫어하나?"와 같은 반응이다. 사실 그 친구가 원래 가려던 방향대로 갔을 수도 있고, 자신의 인사를 보지 못했을 수 있다. 이는 개인화의 오류이다.

의미 확대 & 의미 축소	일어난 상황에 대한 실제 의미와 중요성을 지나치게 확대하거나 축소를 하는 것이다. 역사 속 설화, 장수들의 이야기가 의미 확대에 따른 것이다. 의미 축소는 예를 들어 상대방이 자신보다 능력이 뛰어날 때 열등의식을 느껴 그의 능력을 실제보다 축소시켜 다른 이들에게 이야기를 하는 것이다.
독심술	어떠한 의사소통 없이 상대방의 마음을 읽을 수 있다고 판단하는 인지적 오류이다. 오랜 기간 연애를 함께하고 있는 연인의 마음을 읽을 수 있고 반대로 상대방도 자신의 마음을 정확하게 알 것이라 기대하는 것이다. 이러한 이유로 상대방이 자신의 마음을 알아주지 못하거나 다르게 해석할 때에 이를 상대에게 책임을 전가한다.
예언자적 오류	마치 예언가 노스트라다무스처럼 미래의 일을 부정적으로 추론하고 이를 굳게 믿는 것이다. 자신의 외모에 콤플렉스가 있는 사람이 소개팅을 나가 보지도 않고 이성과 제대로 관계가 이어지지 않을 것으로 단언하는 것이다.
감정적 추리	충분한 근거, 이유 없이 막연히 느껴진 감정 또는 기억에 의존하여 결론을 내리는 인지적 오류이다. 죄책감이란 감정을 느끼고 있을 때, 특별히 잘못한 게 없음에도 불구하고 "내가 뭔가 잘못하고 있구나."라고 생각하거나, 또는 어떤 친구와 만나고 집에 돌아왔는데, "마음이 석연치 않은 걸 보니 그 친구가 나를 별로 좋아하지는 않은 것 같다."라고 생각하는 것이다. 이와 같이 감정에 의한 생각의 귀결은 타당하고 객관적인 정보가 포함되어 있지 않으며, 감정이라는 신호의 빈약한 정보에 의존하여 오류를 범하는 것이다.

서울대학교 심리학과 권석만 교수에 따르면 우울한 사람들은 위와 같은 인지적 오류로 인해 현실을 실제보다 더

부정적으로 왜곡하고 과장하여 해석한다. 이러한 인지적 오류를 범하는 사람은 독특한 인지 도식schema을 갖고 있으며, 그 내용은 역기능적 신념의 형태로 나타난다. 역기능적 신념dysfunctional belief이란 쉽게 말해 '~해야 한다.', '~해서는 안 된다.'라는 다소 경직된 신념이다. 이러한 신념이 높을수록 일상생활에서 우울을 더 경험하게 되며, 자살 생각도 더 높아진다.

2) 치료 방법

　우울증은 시간 경과에 따라 자발적으로 회복되는 경우도 있으나, 증상이 심할 경우 자살로까지 이어질 수 있기에 진단과 치료를 빨리 받는 것이 좋다. 약물 치료로는 항우울제와 비정형 항정신병 약물의 병합 치료가 이루어지며, 항우울제 약물이 듣지 않을 경우, 2차 전략으로 전기 경련 요법이 시행되기도 한다. 심리 치료로는 인지 치료가 효과적인데, 내담자의 인지적 왜곡(인지 오류)을 찾아 교정하여 비합리적 신념에서 합리적이고 긍정적인 신념과 사고를 유도하는 것이다.

3. 지속성 우울 장애

아동·청소년이 만약 1년 이상 우울한 기분이 없는 날보다 있는 날이 더 많고, 하루의 대부분을 우울한 기분으로 있거나 과민한 상태에 있다면 지속성 우울 장애로 진단된다. 증상의 심각성은 경도, 중등도, 중증도로 구분된다.

지속성 우울 장애는 『DSM-4』에서 정의된 만성 주요 우울 장애와 기분 저하 장애가 통합된 것이며, 『DSM-5-TR』에서의 진단 기준은 다음과 같다.

> 1) 적어도 2년간 주관적인 설명이나 다른 사람에 의해 관찰에서 나타나며, 하루의 대부분을 우울한 기분으로 있다.(아동·청소년의 경우 기분이 과민할 수 있으며, 기간은 최소 1년이 되어야 한다.)

2) 우울한 기간 동안 다음의 2가지 이상의 증상이 존재한다.
   (1) 식욕이 부진하거나 과식을 한다.
   (2) 불면 또는 수면 과다.
   (3) 활력이 저하되거나 피로감이 있다.
   (4) 자존감이 떨어져 있다.
   (5) 집중력의 불량 또는 결정하는 것에 있어서 어려움을 겪고 있다.
   (6) 절망감을 느낀다.

3) 장애가 있는 2년간(아동과 청소년은 1년), 한 번에 2개월 이상 진단 기준 1과 2의 증상이 존재하지 않았던 경우가 없었다.

4) 주요 우울 장애의 진단 기준이 2년 동안 지속적으로 존재할 수 있다.

5) 조증 삽화나 경조증 삽화가 없었다.

6) 이러한 증상이 약물을 남용하거나 치료 약물의 생리적 효과 또는 다른 의학적 상태로 인한 것이 아니다.

1) 지속성 우울 장애의 원인

지속성 우울 장애는 비교적 최근 들어 관심을 갖게 되었기 때문에 그 원인이 아직 분명하지 않다. 아동, 청소년기, 성인기 초기에 자신도 모르는 새에 발병하여 만성화되는 경우가 많다. 지속성 우울 장애는 성격 장애와 약물 사용 장애가 동반할 가능성이 높다. 지속성 우울 장애의 원인에 대해 그나마 알려진 것은 신경증 경향성과 부정적 정서가 기질적으로 취약한 사람에게 잘 발병한다는 것이다. 또한 아동기의 부모 상실, 이별의 경험이 지속성 우울 장애를 초래하기도 한다. 부모의 양육 태도가 방임적인 경우에도 청소년의 우울의 지속적인 경향에 영향을 미친다는 연구 결과도 있다.

2) 치료 방법

치료 방법으로는 항우울제와 인지 행동 치료를 병행하는 것이 효과적이며, 체계적인 운동과 수면 습관을 개선하는 것이 도움을 준다.

4. 월경 전 불쾌감 장애

 여성은 월경이 시작되기 일주일 전부터 예민하다. 또한, 개인차는 있겠으나 초콜릿이 들어간 케이크, 맵고 자극적인 마라탕, 탕후루 등이 평소보다 급격하게 당긴다. 또한 이유 없는 분노감에 휩싸이기도 하고 일상 활동에서의 흥미가 떨어지며 무기력 등과 같이 불쾌한 증상들이 주기적으로 나타난다면 이는 '월경 전 불쾌감 장애Premenstrual Dysphoric Disorder'에 의한 증상들이다.

 『DSM-5-TR』에서 제시된 월경 전 불쾌감 장애의 진단 기준은 다음과 같다.

> 1) 대부분은 월경 시작 1주일 전에 최소 5가지 증상이 존재하고, 월경 시작 후에는 수일 안에 증상이 호전되기 시작하며, 월경이 끝난 시점에는 증상이 경미하거나 없어져야 한다.

2) 다음의 증상 중 한 가지 이상이 있어야 한다.

(1) 현저한 정서적 불안정성을 나타낸다(예: 기분이 동요하며 갑자기 슬퍼지거나 눈물이 난다. 또한 거절에 대한 민감성이 증가한다.).

(2) 현저한 과민성 또는 분노가 있으며 대인 관계에서 갈등이 증가했다.

(3) 현저한 우울 기분, 절망감을 느끼고 무기력하며 자기 비하적인 사고를 한다.

(4) 현저한 불안, 긴장, 예민해지거나 안절부절 못한 느낌이 있다.

3) 다음의 증상 중 한 가지 이상은 추가적으로 존재해야 하며, 진단 기준 2에 해당하는 증상과 더해져 총 5가지의 증상을 나타내야 한다.

(1) 직업, 학교, 친구, 취미 등의 일상 활동에서 흥미가 저하됐다.

(2) 주의 집중의 곤란이 나타난다.

(3) 무기력하며 쉽게 피곤해지거나 에너지가 현저히 부족하다.

(4) 식욕이 현저히 변화하였다. 이를테면 과식을 한다거나 특정 음식을 갈망한다.

(5) 수면의 과다 또는 불면이 있다.

(6) 압도되거나 자제력을 잃을 것 같은 느낌을 갖는다.

(7) 유방의 통증이나 부종, 관절통, 근육통, 붓는 느낌, 또는 체중 증가와 같은 신체적 증상들이 있다.

월경 전 불쾌감 장애의 필수적인 특징은 '기분 불안정', '과민성', '불쾌감', '불안 증상의 표현'이다. 월경을 시작하기 전 단계 동안에 반복적으로 발생하고, 월경을 시작할 무렵 또는 그 후에 증상들이 점차 누그러진다. 이러한 불쾌감이 주기마다 반복적으로 나타낸다면 이는 직업적, 사회적 기능에 악영향을 미치게 된다.

1) 월경 전 불쾌감 장애의 원인

월경 전 불쾌감 장애는 월경 주기마다 난소에서 분비되는 에스트로겐 또는 프로게스테론의 호르몬과 뇌에서 나오는 신경 전달 물질인 세로토닌^{serotonin}, 5-HT$^{5\text{-}hydroxytryptamine}$의 상호 작용에 의한 것으로, 그 과정에서 신경 전달 물질 중 감정, 수면, 식욕 등의 조절을 담당하는 세로토닌이 감소하고, 흥분을 일으키는 GABA$^{Gamma\ Amino\ Butyric\ Acid}$라는 물질의 분비가 증가하면서 감정의 기복이 나타나는 것이다. 그리하여 여성은 불안과 무기력, 분노감의 불안정한 정서의 경험과 수면 문제와 과식을 보이게 된다.

2) 치료 방법

이러한 환자에게는 세로토닌 재흡수 억제제와 항우울제를 통해 증상을 완화시키는 방법이 있다. 심리 치료로는 월경 전 불쾌감 장애와 관련한 잘못된 생각과 불쾌한 감정을 일으키는 부정적 사고를 현실적인 사고로 바꾸어야 한다. 이를테면 여성들이 월경 전기에 느끼는 우울감과 불안이 실제로는 경미할 수 있으나, "매번 일어나는 이 기분과 상황은 앞으로도 계속 일어날 텐데 뭘 어떻게 해."

와 같은 생각의 인식이 오히려 증상을 더 고통스럽게 지각하도록 한다. 이러한 점에서 증상을 감내할 수 있고, 통제할 수 있고 이겨 낼 수 있다는 자신감을 불어넣어 주는 것이 필요하다. 또한 맵고 짜고 단 음식, 술, 담배, 카페인을 줄여야 하며 마그네슘, 비타민[B6, D, E], 칼슘 보충제의 복용과 더불어 규칙적인 운동, 휴식을 취하는 것이 증상 완화에 도움이 된다.

5. 파괴적 기분 조절 부전 장애

'파괴적 기분 조절 부전 장애Disruptive Mood Dysregultion Disorder'는 불쾌한 기분을 조절하기 힘들고 분노 폭발을 언어나 행동을 통해 반복적으로 나타내는 경우이다.

『DSM-5-TR』에서의 진단 기준은 다음과 같다.

1) 심각하게 반복적인 분노 폭발이 폭언, 물리적 공격의 형태로 나타난다. 이러한 분노는 상황이나 촉발 자극에 비해 강도나 기간이 극도로 지나치다.

2) 분노 폭발이 발달 수준과 부합하지 않는다.

3) 분노 폭발이 주 3회 이상 나타난다.

4) 분노 폭발 사이에 거의 매일, 하루 대부분이 과민하거나 화가 나 있으며 이는 타인에 의해 관찰이 가능하다.

> 5) 진단 기준 1~4의 증상이 12개월 이상 지속적으로 나타나야 한다. 또한 그 기간 동안 진단 기준 1~4에 해당하는 모든 증상이 일어나지 않는 기간이 연속 3개월 이상 되지 않는다.
>
> 6) 진단 기준 1번과 4번이 가정, 학교, 또래 관계 중 최소 두 군데 이상에서 존재하며 최소 한 군데에서는 심각한 증상을 나타낸다.
>
> 7) 6세 이상~18세 이하 사이에만 진단을 부여할 수 있다.
>
> 8) 진단 기준들(1~5)이 10세 이전에 발병되어야 한다.
>
> 9) 조증 또는 경조증 삽화의 증상 기준을 충족하지 않아야 한다.

『DSM-5』의 파괴적, 충동 통제 및 품행 장애의 하위 유형으로 '간헐적 폭발성 장애'가 있다. 파괴적 기분 조절 부전 장애의 주된 증상이 간헐적 분노 폭발이기에 진단명에서 헷갈릴 수 있으나, 간헐적 폭발성 장애는 공격적 충동 조절의 실패가 주된 증상이라는 점과 연령은 6세 이상이면 진단된다는 것에서 차이를 나타낸다.

파괴적 기분 조절 부전 장애는 과민성, 만성적인 짜증, 간헐적인 분노의 폭발이 주 핵심 증상이다. 자신의 행동에 대한 책임을 지겠다는 생각조차 없으며 막무가내로 공격적인 행동을 일삼으며 분노를 표출한다. 길바닥에 드러누워 악을 쓰고 욕을 하며, 울어대기도 한다. 매우 어린아이에게서 종종 관찰되는 모습이기도 하며 보통은 만 6세가 되면 거의 사라지지만 6세 이상임에도 이러한 모습들이 관찰이 된다면 '파괴적 기분 조절 부전 장애'로 발전한 것이다.

1) 파괴적 기분 조절 부전 장애의 원인

기질적으로 ADHD, 불안 장애의 기준을 충족할 수 있는 증상들을 나타낸다. 심리적 학대와 방임과 무관심, 부모의 정신과적 장애, 한 부모 가정, 부모 사실, 부모의 애환, 부모의 이혼, 파괴적인 가정 환경 등이 영향을 미칠 수 있다.

2) 치료 방법

치료에 앞서 이들에게 나타나는 증상은 갑작스러운 주변 환경의 변화와 스트레스에 의해 악화될 수 있기에 스트레스 사건에 준비할 수 있도록 도와야 한다. 무엇이 이들을 좌절하게 만들었는지, 만성적인 짜증과 분노 폭발을 일으키는 요인이 무엇인지를 알아야 한다.

　이들은 주로 부모와의 역기능적 관계 속에 있기 때문에 좌절감을 이기지 못하고 만성적인 짜증을 내는 것이다. 자녀 혼자만의 문제가 아니기에 이러한 점에서 가족 치료가 이루어져야 한다. 가족 치료를 통하여 부모와 자녀 간의 갈등을 줄이고, 부모는 일관된 태도를 아이에게 보여 주어 신뢰감을 형성하며, 자녀가 생활 습관을 고치고 규칙적인 계획에 따라 행동할 수 있도록 도와줘야 한다. 증상이 심각할 경우에는 항우울제, 항불안제 등의 약물 치료가 사용될 수 있다.

4장
건강한 청소년으로

1. 5분 휴식

 우리는 대부분 약속 장소를 가는 대중교통 이용 중에 허락된 잠시나마의 시간 또는 바쁘고 고된 하루 끝에 주어진 휴식 시간의 대부분을 스마트폰 속 메신저, 유튜브, 인스타그램 등의 SNS를 하며 보낸다. 분명히 쉬는 시간임에도 눈은 시각적인 정보를 계속 받아들여야 하기 때문에 쉬지 못하고 있는 것이다. 그럼에도 우리는 여전히 짧은 러닝 타임을 가진 유튜브 쇼츠나 인스타그램의 릴스를 아무런 생각 없이 넘기며 쉬고 있다고 생각한다.

 이런 우리에게 잠시나마 여유를 주는 것은 어떨까 싶다. 하지만 나조차도 어쩌다 생긴 쉼의 시간에, 특히 아무런 일을 하기 싫을 때는 무작정 유튜브를 꺼내어 놓을 때가 있다. 가령 '먹방'이라든가, 운동 영상 등의 짧은 영상만을 올린 쇼츠를 본다. 그런데 그때마다 오히려 더한 피로감을 느낌에도 별 생각 없이 계속 보게 된다. 결국 한가한 틈에도 쉬지 못하고 계속 자극을 부여하는 것이다.

근력 운동의 경우에도 근육을 찢는 행위를 통해 성장시키는 것인데, 과도한 운동 이후에는 충분한 잠과 휴식을 통해 근육을 회복시키는 작업이 필요하다. 휴식이 있어야 성장할 수 있는 것이다. 자동차의 경우 장거리 운전에 엔진이 혹사되고 과열이 되면, 정차하여 엔진의 열을 식혀주어야 한다. 이러한 과정이 우리의 정신에도 예외는 아니다. 하루 중 시각적인 정보가 들어오지 않는, 진짜 휴식 시간이 얼마나 될까. 그래서 우리에게는 잠시 동안의 '멍 때리기'가 있어야 한다.

멍을 때리는 동안 뇌는 휴식을 취하며 새로운 활력을 얻게 된다. 사람의 뇌는 쉬는 동안 '디폴트 모드 네트워크$^{DMN:\ Default\ Mode\ Network}$'라 불리는 부위가 활성화된다. 멍한 상태이거나 몽상에 빠졌을 때 활발해지는 뇌의 영역으로, 내측 전전두엽 피질, 후대상 피질, 두정엽 피질에 퍼져 있는 신경세포망이 이에 해당한다. 여기서 전두엽의 맨 앞부분인 전전두엽은 집행 기능$^{executive\ function}$이라고 부르는 정신 작용을 담당하는 것이고, 두정엽은 단순한 감각 인지를 넘어 공간 지각과 같은 고차원적인 정신 활동에 중요한 역할을 하고 있다. 또한 시사상식사전에서 DMN은 휴지 상태 네트워크(rest state network)라고도 하며, 평소 인지 과제 수행 중에는 서로 연결되지 못하는 뇌의 각 부위를 연결시켜 주어 창의성과 통찰력을 높여 준다고 한다. "멍 때리기를 통해 창의성을 길러라."라는 말이 바로 이 DMN의 활성화와 관련이 있는 것이다.

워싱턴대 의대의 뇌 과학자 마커스 라이클(Marcus Raichle) 교수에 따르면 디폴트 모드 네트워크는 사람이 아무런 인지 활동을 하지 않을 때 활성화되는 뇌의 특정 부위라고 말했다. 특히 스트레스가 증가하거나 따분하거나 혼란스러운 상황이 가중되거나 졸음이 몰려올 때 작동한다.

이는 컴퓨터의 불필요한 인터넷 캐시 파일을 삭제하듯이 사람의 뇌 또한 불필요한 정보를 삭제하고 그동안의 모인 정보와 경험들을 정리하는 기능이라고 볼 수 있다. 불필요한 정보가 제거된 공간에는 필요한 정보들이 쌓이기 시작하며 기억의 형태로 남는다. 불필요한 정보들로만 가득하다 보면 저장 공간이 부족하여 정작 필요한 기억을 저장하기가 어려워진다. 만약 정신이 날 듯 말 듯하다가 끝

내 잊는다면 이 과정에 문제가 생겼기 때문이다.

이러한 뇌의 휴식과 창의성을 가져다주는 멍 때리기도 과하면 독이 된다. 멍을 자주 때리면 뇌세포의 노화를 빠르게 진행하여 치매 가능성이 높아진다. 이는 평소에 뇌를 사용하고 멍 때리기를 자주 하는 사람이 아닌, 평소 두뇌를 아예 사용하지 않고 멍 때리기를 습관적으로 하는 사람들에게 해당되는 것이다.

과도한 두뇌의 사용으로 인해 환기가 필요할 때에 매스컴을 통하여, 스페인의 낮잠 문화인 시에스타Siesta, 간단한 바깥 산책, 산림욕, 오프라인에서의 사람들과의 유쾌한 만남 등의 휴식 방법들이 소개되었다. 이러한 방법들이 효과적이긴 하나, 바쁜 현대 사회에서 휴식을 위해 컴퓨터 앞에 있다가 근처 산책로로 쉬러 갈 만한 시간적인 여유가 주어지지 않는다.

2023년 시드니 대학의 교육심리학 전문가 폴 긴스 교수Paul Ginns와 연구원들은 72명의 호주 대학생들을 대상으로 실험하였다. 이들의 주의력을 빠르게 고갈시키기 위해 약 20분이라는 시험 조건에서 어려운 고등 수학 20문항을 풀게 하였다. 이후 한 집단은 집중력이 고갈된 채로 두 자리 숫자를 어떻게 곱하는가에 대한 짧은 수업을 계속하여 공부했다. 두 번째 집단은 5분간 타이머를 설정하여 휴식을 취했고, 세 번째 집단은 호주에서 산책하는 1인칭 시점의 비디오를 5분간 시청하였다. 그 결과 두 번째, 세 번째 집단이 무휴식의 첫 번째 집단보다 높은 집중력을 보였다. 폴 긴스 교수는 "집중력을 높여 생산적인 일을 하려면 두뇌에 5분 동안 휴식을 제공하라."고 하였다.

이렇듯 DMN을 활성화하려면 우리의 뇌는 아무것도 하지 않는 멍 때리기가 필요하다. 5분간 타이머를 설정하여 시각적 자극까지도 차단한 상태로 온전한 휴식에 빠져들어 보자. 그렇게 회복된 집중력을 통해 생산적인 일을 이어 나가는 것이다.

"더도 말고 덜도 말고
딱 5분만 자신에게 진정한 휴식을 주어 보자."

4장

건강한
청소년으로

2. 애어른

  우리는 흔히 정신적으로 그 나이에 맞지 않게 성숙한 모습을 보이는 10대, 20대를 '애어른'이라 부른다. 애어른이 나타내는 특징 중 하나가 이타적인 행동이다. 국어사전에 의하면 '이타적'은 '자신의 이익보다는 다른 이의 이익을 꾀하는 것'으로 자신보다 남을 더 우선시하는 것이다. 이는 사람이 불안정한 미래를 살아 내기 위해 자신의 이익을 꾀하게 되는 '생존 본능'과는 정반대의 모습이다. 한편 애어른들은 타인을 배려하고 도움을 주기 위해 발 벗고 나서는데, 주변 사람들은 이러한 희생정신을 보고 "철이 들었다."는 평가를 한다. 문제는 청소년들이 이러한 평가를 한 번 듣기 시작하면, 이에 부합하고자 자신이 원하는 것이 있음에도 이를 외면하고 희생에 익숙하게 되는 것이다. 이러다 보면 점점 자신을 잃어 가고, 또한 다른 사람의 행복을 위해 자연스레 느껴야 할 자신의 솔직한 감정들은 뒷전으로 미루고, 억누르고 참아 내게 되는 것이다.

이렇게 자신의 감정을 솔직히 표현하지 못하고 배려만 하는 사람, 겉으로 보기에 성숙한 사람에 대하여 심리학에서는 어떻게 바라보고 있을까.

우리는 보통 다른 사람을 가치롭게 여기고 존중할 줄 아는 사람을 매우 도덕적이고 성숙한 사람으로 여긴다. 그래서 자신의 시간을 할애하여 어려운 이웃을 위해 봉사하고, 삶 속에서 타인을 배려하는 행동을 통해 만족감을 얻기도 한다. 하지만 여유가 없는 상황 속에서 반강제적인 배려를 하게 되는 상황이 발생하기도 하는데, 외부의 요구와 압력에 따라 죄책감이 유발되어 자신과 자신의 요구는 뒷전으로 미루고 그들의 요구에 맞춰 주는 것이다.

이러한 죄책감은 어린 시절 부모와 정서적인 관계를 제대로 맺지 못한 것에서 비롯되는 경우가 많다. 부모와의 정서적 관계가 원활하지 못한 아이는 부모의 말을 듣지 않으면 더는 자신을 사랑하지 않을 수도 있다는 불안감에 빠지게 된다. 이를 심리학에서는 '착한 아이 증후군 good boy syndrome'

4장
|
건강한
청소년으로

이라 한다.

경제적 뒷받침이 되지 않아 자신의 것을 당당하게 말하지 못하는 상황에 놓였거나, 부모의 상실로 인하여 자신의 것을 내세울 수 없는 현실에 놓인 경우, 다른 사람을 배려하는 모습을 취함으로써 자신의 가치와 존재를 인정받으려고 할 수 있다.

인간이 행동하는 밑바탕에는 동기가 있어야 한다. 가령 밥을 먹는 행위에는 배고픔과 같이 원초적인 욕구가 있어야 한다. 자신은 전혀 배고프지 않은데, 타인이 '혼밥'할 것을 염려하여 배부른 기색 하나 없이 꾸역꾸역 먹다가 체했던 경험이 있을 것이다.

죄책감에 따른 배려는 '도덕적 불안'으로 볼 수 있다. '도덕적 불안moral anxiety'이란 프로이트의 정신 구조 중 도덕성을 담당하는 초자아가 자아를 압도하는 것이다. 즉, 자신이 좋은 사람이라는 것을 증명하지 않으면 도덕적이지 않은 사람이 될 것이라는 생각에 불안을 느끼는 것이다. 예컨대, 부모를 비롯한 주변 어른들의 기대에 부응하려는 행동은 이에 부응하지 않는 데서 올 수 있는 죄책감을 방지하고자, 또는 죄책감이 왔다면 이를 해결하기 위해 힘쓰는 것이다. 이러한 죄책감에 따라 타인을 배려하는 것에 익숙해지다 보면 "상대방이 원하는 행동을 하는 것이 곧 자신의 행복을 위한 길."이라는 신념을 갖게 될 수 있다. 누구에게도 버림받고 싶지 않아 영원히 착한 사람으로 남고 싶은 욕구와 소망은 '착한 아이 증후군'에 걸리도록 한다.

미국의 심리학자 마셜 로젠 버그 Marshall B. Rosenberg에 따르면 성숙하고 건강한 사람은 욕구를 의식하고 표현할 줄 알아야 한다고 한다. 욕구에는 긍정적인 감정뿐만 아니라 부정적인 감정도 포함되어 있다. 착한 아이 증후군을 앓는 이들은 화가 나도 자신의 감정을 절대 표현하지 않는다. 이들이 감정을 의식하고 표현하는 것을 어색하게 여기는 이유는 사람들과의 관계 속에서 받아들여졌던 경험이 부족하거나 그 과정에서 비난을 받았던 기억 때문이다. 사람이 어떠한 행동 이후에 실패와 좌절을 경험하게 되면 위축되는 것이 일반적이다. 가령, 원하는 것을 얻으려는 시도 속에서 주변 사람들로부터 비난을 받거나, 또는 존중받지 못한다면 그 이후로는 자신 존재와 가치를 존중받지 못하게 될 것을 두려워하여 의식하고 표현하는 것을 시도하지 못할 것이다. 그리고 이러한 욕구들은 자연스럽게 무의식으로 억압되는데, 억압된 욕구가 충족되지 못한 채 오랜 기간 지속될 경우, 심리적 갈등을 일으킬 수 있다. 우울증이나 화병의 형태로 발전될 수 있는 것이다. 따라서 욕구와 감정을 억압하기보다 이를 적절하게 표현할 수 있도록 도움을 주어야 한다. 또한 자녀의 있는 모습 그대로를 인정하고 수용한다면, 아이는 자신에게 솔직하지 못한 '애어른'으로부터 탈피할 수 있다.

이 땅의 모든 부모는 진정으로 자신의 자녀가 철이 들어 앞으로 사회에 나가게 되었을 때, 그 누구보다 행복하게 살았으면 하는 소망을 품고 있다. 하지만 이러한 소망과는 달리 자녀의 현재 성숙한 모습 이면에는 자기 자신을 잃은 모습으로 살아갈 수도 있다는 것을 기억해야 한다. 만약 위와 같은 모습을 계속 유지한다면 이는 '성숙하다'를 넘어 '외롭고 슬픈 애어른'이라 할 수 있겠다. 그렇기에 내면의 성숙을 이룰 수 있도록, 자아가 건강하게 성장할 수 있도록 이들에게 아낌없는 격려와 지지를 보내 주어야 한다.

평생 남을 위해 배려하고 헌신한 인물이 있다. 가난한

자의 어머니라 불리는 마더 테레사는 죽기까지 평생을 가난한 이들을 위해 헌신을 다하였고 자신을 희생하며 배려하는 삶을 살았다. 그럼에도 불구하고 자신의 삶이 허무하다든가 후회된다는 말을 남기지 않았다.

"얼마나 많이 주느냐보다 얼마나 많이 담느냐가 중요하다."는 사랑과 행복의 말을 널리 전하였고 많은 이들의 귀감이 되었다. 그녀가 자신을 희생하며 베풀고, 오랜 시간 동안 자신의 모든 것을 나누었음에도 정신적으로 곤고하지 않을 수 있는 이유는 다른 사람의 말에 귀를 기울이는 만큼 자신의 목소리에도 깊이 귀를 기울였기 때문이다. 이는 자신에게 솔직해지라는 뜻이다. 그렇다고 자신의 목소리에만 귀를 기울이는 이기적인 사람이 되라는 말을 하는 것은 아니다. 우리는 자신을 소중히 여기는 만큼 다른 사람도 소중히 여겨야 할 의무가 있다. 이를 통해 우리는 진정한 행복을 향해 한 걸음 더 나아갈 수 있다.

4장

건강한
청소년으로

"자신의 목소리에도 귀 기울일 줄도 알아야 하며,
다른 사람의 목소리도 귀 기울일 줄 알아야 한다."

3. 긍정적인 후회

 과거의 시간들을 되짚어 보았을 때, 후회되는 일이 있곤 한다. 그럴 때면 "만약 그때에 이러한 행동을 했다면, 이러한 선택을 하면 어땠을까…." 하는 생각이 든다. 일어난 일이 만족스럽지 못하기 때문에 후회의 마음에서 비롯된 말들이다.

 후회에 대한 견해는 다양하다. 후회는 앞으로 나아가기 위한 합리적인 사고와 결정을 방해하고, 우울감을 야기하기에 대체적으로 후회라는 행동을 부정적으로 바라보는 견해가 대다수일 것이다. 하지만 후회의 메커니즘을 과거에 얽매이는 것이 아닌 자신을 돌아보게 되는 계기로 바꿈으로써 긍정적인 미래를 위한 수단으로 활용할 수도 있다. 따라서 의도적으로 만족스럽지 않은 결과에 대하여 분석하며 후회해 보는 것이다. "만약에 그 선택을 하지 않았다면? 지금 같은 일은 벌어지지 않았겠지?"라고 되뇌며 수많은 가정을 해 보는 것이다. 올림픽대로가 막혔다면 다른 길, 마포대교를 이용하면 된다. 차가 막히는 시간대에 올림픽대로를 이용할 수는 없지 않은가. "마포대교는 무너졌냐?"라고 스스로에게 되묻고 곧바로 다른 합리적인 방법을 찾아내는 것이다. 그러나 꼭 만약을 가정한 선택이 현재보다 더 나은 결과로 이끌 것이라는 보장이 있을까? 어느 누구도 이에 대해 명확한 해답을 내어 주지는 못한다. 현재가 불만족스럽기 때문에 상상을 통해서라도 만족감을 얻고 싶은 마음은 나 또한 충분히 이해한다. 하지만 너무 이상적인 '만약의 세상'은 족쇄가 되어 앞으로 나아가지 못하게 할 수도 있다는 사실이다.

"만약에 말이야"가 붙는 가정 중, 두 가지 행동은 긍정적인 방향으로 나아가지 못하게 하고, 그저 후회만 하게 만든다.

첫째, '~했어야 했는데'이다.
이는 행동하지 않은 것에 대한 후회이다.
드라마 「응답하라 1988」의 남자 주인공 '김정환'은 여자

주인공 '성덕선'을 남몰래 좋아하고 있었다. 동갑내기 친구인 '최택'도 덕선을 동시에 좋아하고 있었다. 그러나 그녀에게 다가가는 과정에서 최적의 타이밍을 최택에게 빼앗기고 만다. 결국 최택이 덕선에게 고백을 하며 둘의 사랑이 이루어진다. 김정환은 이때 마음 아파하며 자신의 첫사랑이 실패한 이유는 덕선에게 자신의 마음을 전하려 했던 수많은 선택들 속에서 매번 망설였기 때문이라고 말한다. 조금의 망설임일지라도 그러한 순간들이 모이고 모여 사랑의 종착지에 다다르지 못한 결과를 만들어 낸 것이다. 따라서 1초의 망설임이 여러 번 모이면 1분이 되고, 이러한 1분이 10분이 되었을 때 어떠한 사람들이 어떠한 순간들을 맞이할지, 또 어떠한 결과로 이어질지는 아무도 모른다.

둘째, '하지 말았어야 했는데'이다.
이는 행동한 것에 대한 후회라 할 수 있겠다.
자신의 언행으로 인해 누군가 상처를 받았다든가, 어떠한 선택으로 인해 좋지 않은 결과를 맞이했다면 말이다. 만약 정환이가 망설이지 않았다면, 순간순간 자신의 마음이 가는 대로 움직였다면 덕선이와 이어졌을 가능성이 높아졌을 것이다.

  과거를 돌아보는 것은 유익하다. 가령 대한민국의 역사를 배우는 이유는 민족의 정체성과 뿌리를 알기 위함뿐만 아니라 역사 속 인물들을 바라보며 현재 나의 모습에서 그러한 모습들은 있지는 않은지, 하지 말아야 할 행동은 어떠한 것인지 등을 고민하며 과거와 현재 두 차원의 비교를 통해 삶의 지혜와 교훈을 얻기 위함이다. 지혜와 교훈을 얻었다면, 앞으로의 삶에서 어떠한 방식으로 접근해야 할지 어떻게 적용해야 할지를 생각하고 또 행동으로 실천하며 나아가면 된다. 이렇듯 '만약에'라는 말을 스스로에게 던지며 건설적인 후회를 함으로써 더 나은 나를 만들어 가면 되는 것이다.

"건설적인 후회는 우리에게 도움을 준다."

4장

건강한
청소년으로

4. 결핍은 꿈의 도구

누구에게나 말하지 못할 콤플렉스가 있다. 다른 사람에게는 미처 말할 수 없는 비밀, 과거들이 있으며 약점이란 것이 존재한다. 다른 사람들에게는 있으나 자신에게는 존재하지 않는 것은 열등감이 될 수 있으며, 이러한 약점은 그 사람에게 있어 콤플렉스로 자리하게 된다. 이러한 콤플렉스는 미래를 꿈꾸지 못하도록 하는 장치가 되어 버린다. 약점을 이겨 내고 새 삶을 살려고 노력하는 사람이 있는 반면, 약점으로 인해 세상을 향한 적대감을 키워 살아가는 사람이 있다.

개인심리학이라는 심리학 이론을 연 알프레드 아들러 Alfred Adler는 인간의 건강한 성격 형성의 주요 요인을 설명하며 인간의 열등감 inferiority feeling에 대해 설명하였다. 인간은 완전하지 않은 존재이기에 완전을 향해 끊임없이 노력하며, 이러한 과정에서 열등감과 부적절감을 갖는다고 한다. 아들러는 열등감으로 인해 행동에 대한 동기를 얻을 수 있다고 설명했다. 또한 무언가를 위한 노력은 모두 열등감에서 비롯된 것이라 보았다. 더 나은 사람이 되기 위한 시도는 열등감을 보상하려는 의도인 것이다. 예를 들어 말을 더듬던 환자가 열심히 노력하여 유창한 웅변가가 되고, 어린 시절 연약했던 사람이 꾸준히 단련하여 곡예사나 공연 예술가가 되는 경우가 바로 이런 케이스인 것이다. 다른 사람에 비해 자기 자신을 무능하고 무가치한 존재로 여기며 무의식 가운데 자기를 부정하게 되면 사람은 이성적이지 못하고 불안정한 심리 상태와 이상 행동을 보이게 된다.

열등감의 패배 의식의 원인은 다음과 같다. 첫째, 기형 또는 병에 의한 신체적인 장애로 인해 생겨난 경우이다. 둘째, 정신적 원인으로 학교 성적이 우수하지 못하거나 운동을 못하고, 얼굴이 평범한데도 불구하고 스스로를 '못생겼다'고 여기는 것이다. 셋째, 사회적 원인으로 학력과 인종과 신분에 의한 차별, 경제적 빈곤이 있다.

4장
—
건강한
청소년으로

열등감을 극복하지 못한다면 병적 열등감의 증상이 나타나며 이를 '열등 콤플렉스'라 한다. 열등 콤플렉스는 열등감을 가진 아동이 잘못된 교육을 받거나 부적절한 환경에서 열등감을 건강하게 극복하지 못한 채 습관화된 것이다. 만약 아이의 열등감을 부모를 비롯한 주변 사람들이 억압하게 된다면 쉽게 닿지 않는 보상을 원하며, 권력과 우월성의 추구가 병적으로 치닫게 된다.

열등 콤플렉스에 이르게 되는 세 가지 주요 요인들이 있는데, 유아 시절부터 신체적 허약과 결함과 관련한 '기관열등감 organ inferiority', 자녀를 지나치게 보호하는 양육 태도로 인해 자녀가 신경증적인 생활 양식을 갖도록 하는 '과잉보호 overprotection', 세상이 자신을 받아들이지 않아서 세상은 적들로만 가득하다는 신념과 관련된 '무관심' 등이 있다.

열등한 면을 숨기고 남보다 더 높은 위치를 점하려는 것에 집착하다 보면, 열등감을 감추기 위해 어색한 행동을 보이며, 다른 사람보다 우월하다는 거짓된 착각에 빠져 다른 사람에게 과장된 몸짓과 언어를 보이게 된다. 만약 병적 열등감으로 인해 심각한 우울증 증세를 보인다면, 가까운 정신의학과를 방문하길 바란다.

1) 열등감을 극복하는 방법

(1) 열등감을 일으키는 약점을 제대로 바라본다.

자신의 열등감에 대하여 꼭 이겨 내겠다는 마음은 잠시 미뤄 두고 열등감의 원인을 분석해 보는 것이다. 만약 학교 출신이 콤플렉스라면 친구와의 대화 중에 "너 어디 학교 나왔어?"라는 질문을 회피하게 될 것이다. 무언가 꺼려지고 불편감을 보이는 상황이 지속적으로 나타났다면 이는 콤플렉스로 볼 수 있다. 이때, 당신에게 상처를 주었던 다른 사람의 말과 행동들이 정당하고 옳았는가를 객관적으로 바라보아야 한다. 왜냐하면 상대방의 말과 행동이 실제로는 비난으로 느껴졌을 수 있어도 자세히 들여다보면 비난이 아니었을 수도 있다. 이 외에도 고쳐 내려 했던 단점이 실제로 존재했을 수도 있고, 존재하지 않았던 것일 수 있기에 객관적으로 바라보아야 한다. 객관적으로 바라보고 사실을 밝혀내면 당신을 지배하고 괴롭혔던 것들은 의외로 작고 사소하게 여겨지며, 패배적 행동을 하지 않게 된다. 이를 이겨 내고 극복할 힘이 당신에게 있다는 것을 깨닫게 되는 것이다.

(2) 다른 사람에게 선행을 베풀어 본다.

  다른 사람에게 좋은 일을 베푸는 것은 사회적 관심을 발달시킬 수 있다. 다른 사람을 위해 선행을 베풀 때에 느껴지는 행복감과 만족감은 이루 말할 수 없으니, 하루에 딱 한 가지씩 좋은 일을 베풀어 보는 것이다. 이를 통해 자신이 누군가에게 가치 있는 존재라는 사실을 깨닫게 될 것이다. 하지만 여기서 자신보다 연약한 사람을 위해 봉사하는 것에서 오는 우월감은 조심해야 한다.

(3) '있는 그대로의 나'를 받아들이고 추구한다.

  열등감을 극복하려는 이유 중에는 더 완벽한 자신을 추구하기 위한 경우가 많다. 열심히 목표에 도달했다 하더라도 이를 자신의 실력이 아닌 운으로 여기게 되고, 도달한 이후에도 그보다 더 위의 목표에 있는 완벽한 나를 추구하기 위해 더더욱 노력을 한다. 하지만 사실 완벽한 자신은 그저 허상에 불구하다. 이렇게 열등감을 극복하고자 하는 무한의 굴레에 빠져 버리게 되는 것이다. 완벽함을 추구하기보다는 현재의 있는 그대로의 자신을 받아들여 보는 것은 어떨까. 이러한 노력은 자신을 좀 더 편안하고 만족스러운 삶으로 안내할 것이다.

아무리 병적으로 치달을 수 있는 부정적인 열등감일지라도 이를 긍정적으로 해결하려 하면 꿈의 도구가 될 수 있다. 기관 열등감(신체와 관련)이 있음에도 긍정적인 방향으로 이끈 『오체 불만족』의 작가 '오토다케 히로타다Otodake Hirotada', 불우한 어린 시절 마약과 담배에 의존했으나 이를 이겨 낸 후 전 세계적으로 영향력 있는 방송인이 된 '오프라 게일 윈프리Oprah Gail Winfrey', 미국 최초의 흑인 대통령 버락 '오바마Barack Obama'는 흑인 혼혈로 태어나 사회적 열등감을 극복하였다.

열등감이 매우 부정적으로 보일지는 몰라도 앞서 설명했던 것처럼 열등감으로 인한 약점을 이겨 내고 건강한 삶을 살기 위한 노력은 자신이 더 나은 사람으로 나아가기 위한 긍정적인 역할을 한다. 아들러는 "열등감은 연약한 인간에게 자연이 준 축복이다."라는 말을 남겼다. 어쩌면 결핍이 없었다면, 열등하지 않았다면 불편감이 없었을 것이고, 그렇다면 더 나은 사람이 되기 위한 노력은 없었을 것이다. 만약 여러분의 삶 속에 어떠한 결핍이 있다면, 결핍이 꿈의 도구가 될 수 있기를 바란다.

"현재 나에게 주어진 열등감, 결핍은 무엇인가?"

5. 고독감은 성장의 기회

　드라마나 영화를 보다 보면 주인공이 어두운 독방에서 적게는 1일 많게는 30일 넘게 살다 나오는 경우가 있는데, 이때 주인공의 모습은 페인 같은 몰골과 함께 넋이 나간 표정 그리고 식은땀을 흘리는 모습으로 표현된다. 이를 보면 외롭게 홀로 내버려진 상태에 있는 것을 뜻하는 '고독'이 떠오른다. 고독은 주로 부정적인 의미로 쓰였다. 요즘 사회적으로 이슈인 중장년부터 노년의 '고독사'만 보아도 그러하며, 영화 「내부자들」에서 이경영 배우가 쓸쓸한 결말을 맞이할 때 "고독하구만."이라는 대사로 마무리를 지은 모습은 외롭게 홀로 내버려진, 쓸쓸한 최후를 그리는 단어로 쓰였다. 하지만 일본의 드라마 「고독한 미식가」를 보면, 주인공이 '혼밥'을 하는 모습은 분명 고독한 듯하지만, 즐겁게 식사하는 모습은 어딘가 고독이라는 단어와는 멀게 느껴지기도 한다. 이처럼 상반된 의미로 쓰이는 '고독'이 「고독한 미식가」처럼 우리에게 긍정적으로 다가올 수 있다.

 2019년 1월 10일(현지 시간) 미국 폭스 뉴스에서 '리치 알라티Richi Alati'와 '로리 영Rory Young'이라는 두 명의 프로 포커 플레이어 선수가 '1억 원을 걸고 한 달 동안 빛도 없고 소리도 없는 독방에서 살기' 내기를 했다고 전하였다. 로리 영이 리치 알라티에게 독방에서 한 달을 버티면 1억을 주겠다는 제안을 한 것이다. 알라티는 흔쾌히 승낙을 했다. 왜냐하면 그는 평상시에 명상, 요가 등을 자주 하였기 때문에, 독방에서 명상을 한다면 거뜬히 이길 것이라고 생각했기 때문이다. 방 안은 로리 영이 볼 수 있도록 카메라가 설치되어 있었고, 서로의 의사 전달이 가능하도록 수화기가 설치되어 있었다. 또한 알라티는 음식을 먹으려면 로리 영에게 자신이 먹고 싶은 음식을 전화하여 요구해야만 음식이 방 안으로 전달되도록 하였다. 15일째 되는 날 로리 영은 별 탈 없는 알라티에게 지금 나오면 5만 달러를 주겠다고 약속했다. 하지만 알라티는 협상 끝에 꿋꿋이 버텨 내어 6만 2400달러를 받아 낸다. 알라티는 포커 플레이어라 그런지 멘탈이 매우 강하지만, 일반인들이 실제로 행했다가는 어떠한 결과를 맞이할지 모른다.

1930년대 독일의 심리학자 '볼프강 메츠거Wolfgang Metzger'는 인간이 시각 자극을 박탈당했을 때 환각을 보는 현상을 '간츠펠트 효과Ganzfeld effect'라고 하였다. 이때 'Ganzfeld'는 '전체 시야'라는 의미를 담고 있다. 전체적인 시야가 차단당했을 때, 우리의 뇌는 감각 박탈이 일어나지 않도록 내부에서 거짓 신호를 보내는 것이다. 이러한 현상은 사람이 칠흑 같은 어둠 속에 있거나, 온통 흰 눈만으로 덮인 남극, 그리고 황폐한 땅 사막에서 정신이 혼미해지고 환각을 보는 것을 설명한다. 같은 시대에 미국에서는 간츠펠트 효과를 통해 초능력의 효과를 입증하려는 시도가 많았으며, 이러한 학문을 '초심리학parapsychology'이라 한다. 대표적인 초심리학자로는 '찰스 호노턴Charles Honorton'이 있다.

초심리학자들은 간츠펠트 실험을 통하여 감각 없이 이를 판단할 수 있는 육감, 초감각적 지각Extrasensory perception을 발견하게 되었다. 임사 상태, 명상 상태를 포괄하는 비일상적인 의식 상태를 '변성 의식 상태ASC: altered state of consciousness'

라 하는데, 초심리학자들은 간츠펠트를 통해 변성 의식 상태, 더 나아가 영적 초월적 상태를 이해하고 실현이 가능하다고 주장한다.

간츠펠트 효과를 긍정적으로 적용시킨 방법도 있다. 완전한 감각 박탈이 아닌 감각 차단을 80% 정도 유도하는 특수 제작된 욕조가 있는데, 이 욕조 속에 누우면 명상과 같은 상태의 신체적 이완이 일어난다고 한다. 그리고 이러한 신체적 이완은 우울증과 중독 치료, 통증과 스트레스를 줄여 주는 데 효과적이라고 한다.

이를 간접적으로 이해할 수 있는 예시로는 조인성, 공효진이 출연하였던 「괜찮아, 사랑이야」가 있다. 드라마에서 조인성이 이러한 욕조와 같은 침대에서 자는 모습을 볼 수 있다. 이 드라마의 장면을 보고 참고하는 것도 좋을 것 같다.(엄마의 자궁과 같이 심리적 안정감을 느끼는 것으로 볼 수 있다.) 이러한 간츠펠트를 주장하는 초심리학자들의 입장을 전적으로 받아들이기는 어려우나, 우리가 평소 감각 포화 상태에 놓여 있기에 심리적 능력을 발휘하지 못한다는 것은 받아들여진다.

현대 사회를 살아가는 우리는 영상물, 음악과 같은 많은 자극들에 노출되어 있고, 이에 영향을 받고 있으며 이미 익숙해져 있다. 정성훈 의학 박사는 그런 우리가 조금이라도 자극에서 벗어나게 되면 간츠펠트 효과가 작용하여 감각 박탈을 막고자 불안과 초조함 그리고 쉽게 무료함을 느끼게 된다고 말했다.

혼자 있는 시간을 외로움이 아닌 여유로 받아들일 수 있는 힘이 필요하다. 때로는 어떠한 자극 또는 방해 없이 나에게 온전히 집중할 수 있는 시간 속에서야 비로소 잊고 지나쳤던 감정, 생각들을 되짚어 보고 정리할 수 있다. 만약 이러한 시간들을 무료할 때마다 지나쳐 버리고 계속해서 뇌를 자극한다면 강박 상태, 이를테면 중독의 길에 빠져들 수 있다.

괴테는 고독에 대해서 이러한 말을 남겼다. "인간은 사회에서 여러 가지를 배울 수 있지만, 영감은 오로지 고독 속에 있을 때만 받을 수 있다." 이는 돌려 말하면 고독의 시간은 다른 사람의 방해를 받지 않는 나만의 시간으로 볼 수도 있다. 고독은 흔히 세상 가운데 혼자 버려진 것 같은 외로운 시간들로 여겨진다. 하지만 이러한 시간들

4장
—
건강한
청소년으로

이 있기에 자신이 무엇을 좋아하고, 무엇을 싫어하는가를 알 수 있으며, 무엇을 위해 살아가고, 세상 가운데 '나는 어떠한 존재인가'라는 물음에 대해 써 내려갈 수 있다.

"나에게 있어 고독감이란?"

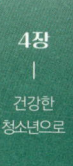

4장
—
건강한
청소년으로

6. 갈등 줄이기 1: 과잉 확신에서 벗어나기

 중대한 결정 앞에 머리를 에워싸고 골똘히 고민을 해 보아도 적절한 해답이 나오지 않을 때가 있다. 이럴 때, 주변 사람들의 진심 어린 조언과 의견을 수렴하다 보면 훨씬 합리적인 의사 결정을 내릴 수 있다.

 하지만 이러한 기대와는 달리 "사공이 많으면 배가 산으로 올라간다."라고 했던가? 흔히 요즘 말로 의식의 흐름대로 내뱉는 아무 말이 오고 가기 마련이다. 영양가 없는 말들 가운데 시간만 빼앗겼다는 생각을 해 본 적 있을 것이다. 모두가 수긍할 만한 적절한 대안을 낼 수는 없을까?

 독일 루비히 막시밀리안 대학의 슐츠하트 교수 S. Schulz-Hardt에 따르면, 현실적으로 봤을 때, 의견을 제시하는 사람이 많으면 엉뚱한 결정을 내리기 쉽다고 한다. 집단적으로 결정을 내리고자 할 때 다수의 구성원들의 생각을 지지하는 정보에만 관심을 기울이고, 반대 의견의 정보는 무시하는 경향이 있기 때문이다. 이러한 심리적 과정을 놓고 보면 좋은 결정을 내리기란 참으로 어려운 것이다.

슐츠하트 교수는 사람들이 집단적인 의사 결정을 내릴 때 어떤 반응을 보이는지를 알아보기 위해 한 화학 회사를 상대로 실험을 했다. 그 화학 회사는 국외로 공장을 이전할지 아니면 국내에 있을지를 결정해야 하는 상황이었다. 이때 교수는 다섯 명으로 한 팀을 구성하여 토론하도록 하고, 토론하는 과정에서 준비된 자료를 얼마든지 사용해도 된다는 말을 여러 번 강조했다. 그 결과 그들은 다수의 의견을 지지하는 자료만을 선택했고, 이를 반대하는 자료에는 관심조차 주지 않았다.

사람은 자신이 원래 갖고 있던 생각과 신념을 확인하려는 경향성이 있으며, 자신이 옳다고 믿는 생각은 잘 바꾸려 하지 않는다. 사회심리학에서는 이를 '확증 편향 Confirmation Bias'이라 한다. 집단으로 의사 결정을 하는 데 있어 다른 반대의 의견을 내놓게 되면 묵살되는 것은 어찌 보면 당연한 과정일지도 모른다.

부모 자녀와의 관계에서도 마찬가지다. 자녀의 앞길이라면 모든 것을 다 내어 줘도 아깝지 않은 것이 부모의 마음이다. 그런 자녀의 미래가 달린 중대한 결정 앞에 주변의 여러 소음이 들리기도 한다. 무엇이 좋을지 의논하는 가족회의에서 힘이 약한 자녀의 의견이 묵살될 수도 있고, 또는 "부모의 세대는 다소 구시대"라는 관점에서 부모를 바라보는 자녀라면 부모의 의견을 듣지 않을 수 있다. 슐츠하트 교수의 연구처럼 상반된 성격을 갖는 의견일지라도 얼마든지 보면 새로운 길로 제시할 수 있지 않을까.

심리학자 Swann[William B. Swann]과 Read[Stephen J. Read]는 「자기검증 과정: 자기 개념을 유지하는 방법」이라는 논문에서 이러한 거만한 자아상을 가진 사람이 파티에서 어떻게 행동할 것인지를 다음과 같이 비유하여 설명하였다. "어떤 여성이 파티에 도착하자마자, 자신의 우월함을 인정해 주는 지인들을 찾는다. 대화 중에 그녀는 스스로가 기대하는 존경을 사람들로부터 이끌어 내기 위해 그녀의 관점들을 드러내 보였다. 파티가 끝난 후, 그녀는 자신의 영향력이 약했던 대화는 거의 기억하지 못하는 반면, 그녀가 지배했던 대화들 중에서 자신의 설득력에 대해 훨씬 더 잘 기억한다." 이러한 파티에서의 경험은 그녀의 자아상을 확증한다.

 자신의 선입견을 확증하기 위해 다른 정보는 묵살해 버리는 성격으로부터 벗어나 흔들리지 않는 자아상을 확립하기 위해서는 어떻게 해야 할까.

 과잉 확신으로부터 벗어나기 위해서는 자신의 내면의 소리와 다른 사람의 단정적인 발언에 대한 경계심을 가져야 한다. 아무리 다른 사람들이 맞다고 확신해도 충분히 틀릴 수 있으며, 반대로 자신에게 익숙한 신념과 사고방식들이 틀릴 수 있다는 것을 인지하고 있어야 한다.

 그러기 위해서는 첫째, 신속한 피드백을 받아야 한다. 바로바로 명확한 피드백을 받다 보면, 자신의 정확도에 대해 객관적으로 판단할 수 있다. 둘째, 세부 항목으로 나누어 각각의 시간을 계산하는 것이다. 추정하기만 했던 애매한 시간은 좀 더 현실적인 완료 시간으로 추정할 수 있는 것이다. 셋째, 판단이 왜 틀릴 수 있는지에 대한 이유를 한 가지 생각해 봐야 한다. 즉, 반대 정보를 강제로 고려해 보는 것이다. 실패가 가능한 이유를 포함하여 좀 더 현실적인 판단을 촉진할 수 있다.

4장
|
건강한
청소년으로

7. 갈등 줄이기 2:
갈등, 관계 회복의 첫 걸음

 사람을 알아 가고 관계를 맺다 보면 기쁨을 나누기도 하지만 상처를 주고받기도 한다. 우리는 종종 스치듯 지나가는 인연에서조차 부정적인 감정을 느낄 때가 있다. 사람은 기계가 아니기에 생각과 감정은 정형화되어 있지 않다. 예상이 빗나가는 순간에 불편한 감정이 들어오게 되며, 어쩔 수 없이 받아들여야 하는 순간을 맞이하게 된다. 그리고 타인과 이러한 감정의 상태가 반복되고 지속된다면 관계는 점차 멀어져 가고, 감정의 골은 더욱 깊어져만 갈 것이다. 이러한 것을 갈등이라 한다.

 갈등이란 개인의 일, 사정이 서로 복잡하게 뒤얽혀 화합하지 못함의 비유이며, 서로의 입장과 견해, 방식의 차이에서 충돌하는 것이다. 갈등葛藤의 어원을 살펴보면, 갈은 칡, 등은 등나무로 칡과 등나무가 서로 엉켜 풀 수 없을 정도로 관계가 얽혔음을 의미한다. 개인 간의 갈등은 마치 칡과 등나무의 상태라 할 수 있다. 이러한 갈등을 해결하기 위해서는 어떻게 해야 할까?

 마이어즈 박사David G. Myers는 접촉, 협력, 의사소통, 조정 등 네 가지를 통해 개인 간 또는 집단 간의 갈등을 해결할 수 있다고 하였다.

 첫째, 미국은 다양한 인종이 모인 국가이며, 이전부터 피부색에 따라 흑인과 백인을 구분 지어 철저한 백인 우월주의 관념에 따라 흑인을 차별해 왔다. 현대에 와서는 이러한 차별이 현저히 줄어들었다고 하지만 여전히 차별하는 이들이 존재하고 있다. 이러한 인종 차별을 주제로 진행된 연구에서는 단순한 접촉만으로도 상대에 대한 태도의 변화가 있었다는 결과를 발표했다. 물리적으로 가까이 있는 만큼 서로를 자세히 바라볼 수 있기에 막연하게 생각했던 그에 대한 오해를 바로잡을 수 있었던 것이다. 또한 사람은 서로 간의 정서적 유대감을 일으킬 수 있기에 소통이 되기만 하면 갈등을 줄일 수 있다는 것이다. 하지만 주의해야 할 것은 접촉하는 것만으로 태도가 개선되는 것은 아니라는 점이다. 동등한 지위, 위치에서 접촉하는 것이 중요하다. 이렇듯 상대에게 먼저 다가가 갈등을 줄이기 위한 노력을 해 보는 것이다.

　둘째, 공동의 목표를 설정해 보는 것이다.
　협력을 통하여 공동의 위협을 극복하고 공동의 목표를 이루어 나가는 것이다. 미국의 사회심리학자 무자퍼 박사Muzafer sherif의 청소년들을 대상으로 한 캠프 실험을 통해 이 같은 결론을 내렸는데, 독수리 팀과 방울뱀 팀을 경쟁 붙여 갈등을 만들었다. 이후 갈등을 해결하기 위해 다양한 활동을 진행했다. 처음에는 경쟁을 유발하지 않는 활동을 하도록 하면 갈등이 줄어들지 않을까 하였지만 적대감이 강할 경우, 단순 접촉은 오히려 싸울 기회만 제공하였다. 그다음엔 동등한 위치에서 서로 간의 접촉과 협력이 필요한 공동의 목표를 주니 이내 이들은 하나가 되었다. 따라서 갈등을 해결하기 위해서는 공동의 목표를 설정하여 함께 극복해 나감으로써 하나되어 가는 것이 좋다.

　셋째, 의사소통을 통해 갈등을 해결하는 것이다.

때로는 강경한 태도로 극단적인 제안을 제시하고, 또 때로는 양보를 하는 것이 효과적일 때도 있지만, 반대로 진실되고 성의를 다하는 자세로 시작하는 것이 효과적일 때도 있어 무엇이 옳고 그른지 판단하는 것은 어려운 일이다. 만약 서로 일체 양보하지 않고 강경한 자세로 시간을 끈다면 누구도 득을 볼 수 없는 상황을 맞이할 수 있다. 이때 누군가는 이기고 지는 것이 아닌 서로 한 발씩 양보하고 체면을 지키면서 모두가 득을 볼 수 있는 상황으로 이끄는 것이 가장 좋다. 가령, A는 피자를 먹고 싶지만, B는 치킨을 먹고 싶은 상황이다. 하지만 돈은 제한되어 있고, 각자 먹고 싶은 양이 있어, 강경한 태도로 대화를 이어 나간다면 가성비가 떨어지는 결과를 맞이할 것이다. 하지만 각자 먹고 싶은 양을 양보하고 피자+치킨 세트를 시킨다면 서로 만족스러운 결과를 맞이하게 될 것이다.

넷째, 고조된 긴장감으로 의사소통이 불가능할 때, 작은 화해의 손길을 건네는 것이다.

이를 위한 방법으로 GRIT가 있다. GRIT$^{\text{Graduated and Reciprocated Initiatives in Tension Reduction}}$는 미국의 심리학자이자 일리노이 대학교 교수 찰스 오스굿$^{\text{Charles E. Osgood}}$이 개발한 갈

등 완화 방법이다. '점진적 긴장 완화'를 최종 목표로 설정하고, 이에 도달하기 위해서 자신의 작은 양보 즉, 화해의 손길을 내미는 것이다. 상대방이 그 손을 잡는다면 그때부터 갈등은 서서히 풀리기 시작할 것이다. 만약 의도를 알리지 않고 화해의 제스처를 취한다면, 상대방은 약하게 보이려는 꼼수를 부리고 있다는 오해를 할 수 있다. 그리하여 화해를 위한 제스처임을 정확히 알 수 있게 의도를 알리는 것이 중요하다. 도움을 받은 상대는 심리적으로 받은 것에 대하여 보답해야 한다는 '호혜의 법칙'이 작용하게 된다. 그리하여 심기 불편한 태도는 누그러질 것이다. 찰스 오스굿은 상대방이 화해를 위한 제안을 받지 않는다면 또 다른 제안을 제시하는 것이 긴장 완화로 이끌 수 있다고 덧붙여 설명하였다.

미국의 사회심리학자 모튼 도이치Morton Deutsch에 따르면 GRIT의 정신은 위협적이고 착취적인 상황에서 '확고'하고, 상대의 비아냥거리는 자극에도 흔들리지 말고 자신의 신념을 지키는 데 '정당'하여야 하며, 기꺼이 상호 협력하겠다는 의미에서 '우호'적인 것에 있다고 한다.

이러한 방법을 사용해서 한 번에 갈등이 해결될 것이라

는 과도한 기대를 품는다면 오히려 갈등을 해결하기까지 당신의 마음은 지쳐 포기하게 될 수 있다. 오랜 기간 오해와 편견이 쌓이고 쌓여 갈등이 더욱 심화되었기에, 시간이 오래된 만큼 이를 푸는 것에도 긴 시간과 그에 상응한 노력이 필요하다. 만약 서로가 화해를 위해 용기를 내고 인내의 마음을 갖는다면 바라던 평화가 올 것이라 생각한다.

지금 이 순간 가족, 친구, 연인, 주변 사람과의 갈등이 있다면 꼭 회복하길 바란다.

"인생은 가까이서 바라보면 비극이지만
멀리서 바라보면 희극이다."

-찰리 채플린

8. 갈등 줄이기 3: 대화의 방법

인간관계의 대부분을 차지하는 것은 의사소통이라 해도 과언이 아니다. 대화를 통하여 상대방과 생각과 감정을 나누며, 그와 친분을 맺고 그렇게 서로 관계를 맺게 되는 것이다. 인간관계에서의 갈등도 이러한 의사소통으로부터 오는 것이 대부분이다. 어떠한 생각을 갖고, 어떠한 감정을 품느냐에 따라 말의 어조와 단어 선택이 달라지기 때문이다. 처음에는 좋은 마음으로 상대방과 잘 해결하고자 말을 꺼냈지만, 이내 생각과 감정이 내 머리를 지배하여 관계가 악화되는 결과를 맞이할 수도 있다.

1) 감정은 생각에 비롯된다

보통 우리는 현재의 불쾌한 감정이 상황으로부터 온 것으로 여긴다. 하지만 미국의 저명한 임상심리상담가 로버트 박사Robert D. Isett에 따르면 자신의 생각과 감정이 상황에서 온 것으로 생각한다면, 그 사람은 상황에 갇혀 감정과 행복에 대한 통제력을 크게 상실한다고 했다. 합리 정서 행동 치료REBT를 개발한 미국의 심리학자 알버트 엘리스Albert Ellis는 자신의 ABC 이론을 통해 건강한 사람은 합리적인 신념 체계를 갖고 있음을 주장하였다. 그림으로 보면 다음과 같다.

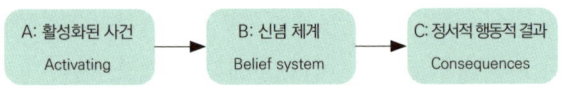

예를 들어 Y는 학교 시험 또는 취업 준비를 위한 자격증 시험 등을 준비하였다. 하지만 시험 결과(A: 사건)가 좋지 않았다. Y는 시험 결과에 대해 "하… 시험이고 뭐고 되는 게 하나도 없냐.(B: 신념 체계)"라는 마음을 가졌으며 이에 따라 화가 나고 우울(C: 결과)하였다. 그렇게 Y는 친구들과 술을 마시러 나갔다는 식이다.

비합리적인 신념이 찾아올 때에는 자신의 인지적 오류에서든지 또는 비합리적 신념 체계에 의한 생각을 반박Disputing을 하여야 한다. Y의 "시험이고 뭐고 간에 되는 게 하나 없네."에서 "그런데 내가 시험을 절박하게 준비했나?" 또는 "시험이 인생의 전부는 아니잖아? 다음에도 열심히 하면 되지!"와 같이 부정적인 생각을 정지하여 스스로에게 반문한다면 감정의 결과는 달라질 것이다.

우리는 위와 같은 방식처럼 사건을 접한 신념에 따라 정서의 결과를 맞이하게 되는데, 이를 대인 관계에서 어떻게 적용할 수 있을까?

약속 시간에 늦은 친구에 대하여 "나는 일찍 준비했는데 얘는 뭐지?" 또는 "버스나 지하철이 파업해서 늦었나 보다." 같은 생각 중 어떠한 생각을 받아들이냐에 따라 그날 하루를 지배하는 감정은 달라진다. 전자를 택했다면 같이 있는 시간 내내 불쾌한 기분으로 있을 것이며, 후자를 택했다면 이해와 인정을 통해 정서적으로 불쾌감으로 이어지지 않을 것이다.

여기서 오해하지 말아야 할 것은 불쾌한 감정을 맞이할

4장
|
건강한
청소년으로

까 염려하여 모든 상황을 상대방에게 맞추어 배려하여 자신의 감정을 무의식에 억압하라는 것이 아닌, 당신에게는 감정의 결과를 선택할 수 있는 힘과 통제력이 있다는 것을 알리고자 함이다.

감정과 스트레스가 고조됨에 따라 머릿속은 새하얘지거나 복잡한 감정들이 맴돌 것이다. 쌓여 왔던 분노를 한순간에 폭발적으로 분출하게 되면 관계는 어긋난다. 합리적이고 이성적으로 판단하기 위해 노력하고 되뇌었던 모든 것이 허사로 돌아갈 수 있기에 일단 진정하는 것이 좋다. 감정적으로 컨트롤이 되지 않으면서 심호흡과 같은 긴장 이완이 될 리가 없다. 그러니 그 상황이 주는 감정들로부터 벗어나는 것이 먼저이다. 이때 상대에게 먼저 말을 하는 것이다. "생각과 감정을 정리할 시간을 주었으면 좋겠다. 지금 이 감정으로 이야기할 수가 없으니 다시 만나서 이야기를 하자."라고 대화의 시간을 약속을 한 뒤에 화해를 하는 것이다. 서로가 어떠한 마음으로 그러한 말을 했는지 이야기를 나누는 과정에서 상대를 비꼬거나 평가를 한다면 비난으로 받아들일 수 있기에 이를 주의하여야 한다.

"감정은 생각으로부터 온다."

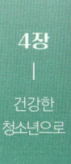

4장

건강한 청소년으로

에필로그: 얽매임으로부터 자유

언젠가 상담자가 내게 이런 질문을 하였다.

"어떻게 살고 싶으세요?"

과거를 마주할 때면 나도 모르게 그때의 시간과 공간이 현재의 모든 것을 집어삼켜 분노감에 휩싸이게 만들었던 때가 있다. 사죄를 받을 수 없을 때에는 계속 과거의 그들을 원망하고 마음속에 지옥을 품으며 살아가야 할 것인가? 하지만 이렇게 살다 보면 행복과는 정반대의 방향으로 가게 된다.

내게 피해를 주었던 가해자는 행복한 나날을 보내고 있다. 그들에게 오늘은 미래를 꿈꿀 수 있는 날이기도 하다. 하지만 정작 내 자신은 미래를 꿈꾸지 못하며, 과거의 그들에게 분노하고 악담하며 저주를 내뱉으며 온전한 삶을 살아가지 못한다. "잘 살고 있네? 나는 못 살고 있는데." 이러한 생각을 뿌리치고 잘 살아 보려 해도 되지 않는다. 만약 그들이 내게 용서를 구한다면 나는 이를 받을 준비가 되었을까. 곰곰이 생각해 보니 그럴 것 같지 않다. 그들의 얼굴마저 보기 싫기 때문이다. 그렇다면 이때부턴 나의 문제가 아닐까, 하는 생각이 들었다. 사과를 받을 용기조차 없으니 말이다. 그렇다고 그들에게 "당신 나한테 용서를 구해야 하지 않아?"라고 하는 것도 무리라고 느껴졌다. 이때부터 지금 힘겨운 나의 삶이 과거 그들의 행동이 아닌 나에게 문제가 있음을 깨닫게 되었다.

미국 예일 대학교의 심리학과 교수 제니스 A. 스프링Janis A. Spring은 가해자가 용서의 과정에 참여할 수 없거나 참여하지 않을 때, 자력으로 행해지는 너그러운 선물을 '수용'이라 하였다.

"내 자신을 사랑하고 아낄 줄 알아야 한다."

'어쩌면 나도 저들과 다를 바 없는 불완전한 인간이다.'라는 사실을 받아들였다. 칼 융은 저마다 무의식에 '그림자'가 존재하고 있다고 하였다. '그림자^{shadow}'란 사회적으로 받아들일 수 없는 추악한 어두운 면으로, 마음속에 폭풍 같은 갈등을 일으키지만 이를 받아들이고 살아갈 때에는 아들러의 열등감처럼 좋은 에너지로 만들어 갈 수 있다. 과거, 그 시점에는 가해자들이 나에게 상처를 주었겠지만 그 이후에 좋은 모습으로 살아갈 수 없는 것은 과거에만 연연하는 내 자신에게 문제가 있음을 알게 되었다. "과연 나에게는 좋은 모습만 있었는가?"를 되짚어 보니 그들에게 살갑게 대했다고 생각했지만 다시 깊이 생각해 보면 살갑지 않았음을 깨달았다. 심리학의 이론을 살펴보면 무엇이든 양면성을 살펴보아야 하는 것을 알게 된다. 본래의 면과 이면을 동시에 살펴보아야 한다. 어떠한 문제를 객관적으로 살펴보기 위해서는 두 당사자의 이야기를 전부 들어 보아야 한다. 이처럼 나와 관련한 문제도 피해를 받았던 입장과 그들의 입장에서 나의 모습을 볼 수 있어야 한다. 또한 과거의 상처를 특히 주관적 입장에서 확대 해석하거나 상대방의 호의를 축소 해석할 수 있다는 것을 조심해야 한다.

"내 자신의 실패에 대하여 인정하고 용서를 구하였다."

용서를 받을 방법이 없을 때, 용서를 직접 받아야 하겠다는 생각도 내려놓았다. 그리고 상상 속 가해자와 싸우느라 현재 행복을 누리지 못하는 또 다른 나에게 용서를 구했다. 또한 내 자신이 위축되었던 것은 남들이 나를 그렇게 보았기 때문이 아니라 내 스스로가 위축된 시각으로 나를 바라보았기 때문인 것을 깨닫게 되었다. 이러한 행동에 진심으로 용서를 구했다.

　"너(나)에게 진심으로 미안해."

　어느 날 아침 밝게 빛나는 태양을 바라보는데, 해가 그 어떤 날보다도 강렬하고 생생한 에너지를 담고 있었으며, 따스하게 느껴졌다. 나도 모르게 "아침을 맞이할 수 없던 저에게 이른 아침의 태양을 볼 수 있게 해 주셔서 감사합니다."라는 말을 하였다. 어쩌면 가해자에 대한 용서보다도 내 자신에게 가혹하게 한 것에 대한 후회, 이를테면 절망감, 나에 대한 무가치감, 자기 비하 등의 행동을 일삼은 것에 대한 용서를 구하는 것이 나를 살리는 길이었을지도 모른다. 나는 비로소 나를 과거로부터 자유하게 하였다.

　"과거로부터 자유하길"

참고 문헌

〈국내 문헌〉

- Renee M. Tobin, Alvin E. House, 『학교에서의 DSM-5 진단』, 강진령 역, 시그마프레스, 2017.
- 권석만, 『현대 이상심리학』, 학지사, 2013.
- 권준수, 김붕년, 김재진, 신민섭, 신일선, 오강섭, 원승희, 이상익, 이승환, 이현정, 정영철, 조현상, 김민아, 『DSM-5-TR 정신질환의 진단 및 통계 편람』, 학지사, 2023.
- 김연우, 「가족배경이 성인이행기 경제적 활동에 미치는 영향에 관한 연구」, 서울대학교 대학원 석사 학위 논문, 2010.
- 석정호, 전덕인, 전현태, 서정석, 김원, 송해철, 이상열, 민경준, 박원명, 홍진표, 「한국형 우울장애 약물치료 알고리듬 2006 (II) : 정신병적 양상을 동반하지 않은 주요우울장애의 약물치료」, 대한신경정신의학회, p. 603-609, 2007.
- 김지경, 정연순, 이계백, 「20대 청년, 후기 청소년정책 중장기 발전전략연구-4년제 일반대학 재학 및 졸업자를 중심으로」, 국청소년정책연구원 연구보고서, p. 1-132, 2015.
- 김청송, 『사례중심의 이상심리학』, 싸이북스, 2017.
- 노안영, 강영신, 『인간 이해 및 성장을 위한 성격심리학』, 학지사, 2015.
- 박화옥, 김민정, 『청소년 우울의 지속성을 설명하는 매개변인 탐색 연구: 중학교에서 고등학교로의 전환기 청소년을 중심으로』, 학교사회복지, p. 46, 1-24, 2019.
- Robert Siegle, Jenny R. Saffran, Nancy Eisenberg, Judy DeLoache, Elizabeth Gershoff, 『발달심리학』, 송길연, 장유경, 이지연, 유봉현 역, 시그마프레스, 2019.

○ 송연옥, 「청소년기의 자아정체감에 영향을 미치는 관련변인 간의 구조분석」, 계명대학교 대학원 박사 학위 논문, 2009.

○ 유진이, 『청소년 심리 및 상담』, 양서원, 2018.

○ 이건, 「후기 청소년기 대학생 소비자의 물질주의, 소비절제 및 행복감 연구」, 숙명여자대학교 대학원 박사 학위 논문, 2020.

○ 이길홍, 박두병, 권재호, 「주요우울증, 정신분열증, 양극성 장애 환자들에서의 부모상실에 관한 비교연구」, 대한신경정신의학회, p. 1209-1218, 1994.

○ 이무석, 『비만의 정신분석적 고찰』, 정신신체의학, p. 207-213, 1995.

○ 로버드 D. 아이셋, 『내 인생이 행복해지는 긍정의 심리학』, 이문영 역, 소울메이트, 2012.

○ 이세영, 「청소년기 자아를 찾아가기 위한 자기표현 미술지도 방안 연구: 중학교 미술과 중심의 통합적 접근으로」, 2013.

○ 데이비드 G. 마이어스, 진 트웬지, 『마이어스 사회심리학』, 이종택 , 홍기원 , 고재홍 , 김범준 , 노혜경 , 최해연 역, 한올, 2015.

○ 장영란, 「해리 스택 설리반(H. S. Sullivan)의 대상관계론에 기초한 쌍둥이 자녀의 양육방안 연구: 상담학적인 관점에서」, 한일장신대학교 아시아태평양국제신학대학원 석사학위 논문, 2012.

○ V. Mark Durand , David H. Barlowm, 『이상심리학』, 정경미, 김현수, 박수현, 양재원, 이주영, 진주희 역, 사회평론아카데미, 2017.

○ 조혜영, 「후기청소년 세대 생활·의식 실태조사 및 정책과제 연구 I - 대학 재학 후기청소년들을 중심으로」, 한국청소년정책연구원, 2012.

○ 최소정, 배대석, 장문선, 「자살생각과 관련된 부모와의 애착 역기능적 신념 및 우울간의 관계분석」, 한국상담학회, p. 571-582, 2010.

○ 최은주, 「융의 분석심리학의 교육학적 해석」, 울산대학교 대학원 박사 학위 논문, 2020.

○ 마셜 B. 로젠버그, 『비폭력대화』, 캐서린 한 역, 한국NVC출판사, 2017.

○ 허경조, 「관찰학습에 대한 Bandura의 설명과 한계」, 한국교육논총, p. 1-21, 2008.

〈외국 문헌〉

- American Psychiatric Association(2022). Diagnostic and Statistical Manual of Mental Disorder-5th Edition-Text Revision(DSM-5-TR). Washington, DC: Author
- Bandura, A. (1978). The self system in reciprocal determinism. American Psychologist, 33, pp. 344-358.
- Bischof, L. J.(1970). Interpreting personality theories(2nd ed.). New York: Har- per & Row.
- Burger, J. M. (2000). Personality(5th ed.). Belmont, CA: Wadsworth/Thomson.
- Colby, A., & Kohlberg, L. (1987). The Measurement of Moral Judgment. Cam-bridge, UK: Cambridge University Press.
- David G. Myers(2012). Social Psychology 11th Edition. NewYork, NY: McGraw- Hill Education.
- Erikson, E. H.(1959). Identity and the life cycle. PsychologicalIssuses, I ,1-171.
- Erikson, E. H.(1963). Childhood and society. New York: W. W. Norton.
- Jung, C. G.(1971). Psychological Types. Collected Works 6. trans. by R. F. C. Hull. Princeton University Press. orig. 1921
- Marcia, J. (1991). Identity and self-development. In R. M. Learner, A. C. Pettersen & Brooksgunn(Eds.), Encyclopedia of adolescence(vol 1.). Newyork: Garland.
- Marshall B. Rosenberg(1999). Nonviolent Communication: A Language of Life. California, CA: PuddleDancer Press
- Piaget, J. (1932). The Moral Judgment of the Child. London: Routledge & Ke-gan Paul.
- Piaget, J. (1965). The Moral Judgment of the Child. New York: The Free Pres-s.
- Renee M. Tobin, Alvin E(2016). DSM-5 Dianogsis in the Schools. NewYork, N Y: Guildford Press

- Robert S. Siegler, Jenny Saffran, Nancy Eisenberg, Judy S. DeLoache, Elizabeth Gershoff, Campbell Leaper(2017). How Children Develop Fifth Edition. NewYork, NY: Worth Publishers
- S. Schulz-Hardt, D. Frey, C. Luthgens & S. Moscovici, (2000). Biased informati on search in group decision making. Journal of Personality and Social -Psychology, 78, 655-669.
- V. Mark Durand, David H. Barlow(2014). Abnormal Psychology: An Integrative Approach, 7th Edition. Boston, MA: Cengage Learning
- Swann, W. B., Read, S. J(1981). Self-verification processes: How we sustain o-ur self-conceptions. Journal of Experimental Social Psychology, 17(4), 351-372
- Harris, T., Brown, G. W. & Bifulco, A. (1986). Loss of parent in childhood and adult psychiatric disorder: the role of lack of adequate parental care. Psychological Medicine, 16(3), pp. 641-659.

〈기타 자료〉

- 국가법령정보센터 https://law.go.kr
- 보건복지부. (2021). 「정신건강실태조사」. 평생 유병률. (2023년 11월 16일)
- 한국심리학회(2014). 심리학용어사전. http://www.koreanpsychology.or.kr